결혼을
할 거라면

결혼을 할 거라면
새로운 세계를 위하여

초판 1쇄 발행 2023년 1월 13일

지은이 김수안
펴낸이 장길수
펴낸곳 지식과감성#
출판등록 제2012-000081호

교정 김원영
디자인 정윤솔
편집 정윤솔
검수 김서아, 이현
마케팅 정연우

주소 서울시 금천구 벚꽃로298 대륭포스트타워6차 1212호
전화 070-4651-3730~4
팩스 070-4325-7006
이메일 ksbookup@naver.com
홈페이지 www.knsbookup.com

ISBN 979-11-392-0872-6(03190)
값 14,000원

- 이 책의 판권은 지은이에게 있습니다.
- 이 책 내용의 전부 또는 일부를 재사용하려면 반드시 지은이의 서면 동의를 받아야 합니다.
- 잘못된 책은 구입하신 곳에서 바꾸어 드립니다.

지식과감성#
홈페이지 바로가기

결혼을 할 거라면

· 새로운 세계를 위하여 ·

김수안 지음

　지금 우리가 살고 있는 시대는 과거 우리의 부모님들이 살던 시대와는 많이 다르다. "꼰대"라는 단어가 말해 주듯이, 과거에는 올바른 삶의 법칙으로 여겨졌던 통념들이 더 나은 사회, 그리고 인간다운 삶을 위해서 이제는 없어져야만 할 관습들로 인식되기 시작했다. 그리고 이제 우리는 드디어 과거에 정(情)이라는 말로 미화되었던 과도한 간섭과 참견으로 인한 자아 상실의 현장을 알아차려 버렸다.

　그러나 과거의 주역들은 종종 흘러간 시간을 받아들이지 못하여 후대에 그 자리를 내어 주는 것을 거부한다. 그리고 그런 그들의 혼란스러움은 우리에게 고스란히 전해져, 슬픔과 분노를 동반한 양면의 감정을 유발한다. 그래서 우리는 언제나 시대적 인식의 차이에 부딪혀 힘들어하며, 동시에 서로의 불안과 두려움을 품어 주지 못해 불편하다.

　특히 결혼에 있어서는 과거의 그것과 더 이상 동일하게 취급할 수가 없게 되었다. "왜 결혼을 하지 않느냐"는 질문은 더 이상 허용되지 않는다. 결혼이 필수가 아닌 선택의 문제가 되었기 때문이다.

결혼을 하고, 하지 않고의 선택이 온전히 개인의 자유이자 사생활이며, 누구도 자신의 사생활의 영역을 공격받지 않을 권리가 있음은 이제 너무도 자명하다. 그러나 늘 전체를 위해 개인을 희생해야 했으며, 존재의 이유를 그 무엇에 대한 의무와 순응에서만 찾을 수 있었던 사람들은 이러한 자유와 권리가 낯설기만 하다.

한 인간의 존재의 이유가 단순한 생존을 넘어 의식적이고 고차원적인 활동이 된 시대에서 결혼은 더 이상 생존의 수단이기보다는 행복의 수단이다. 그렇기에 이제 "왜 결혼을 하지 않냐"는 물음은 오히려 "왜 결혼을 하냐"는 물음으로 바뀌는 것이 적절한지 모른다.

하지만 이 질문은 결혼을 '하지 않음'을 전제로 한 질문이 아니라, 오히려 그가 어떤 행복관을 가졌기에 결혼을 하는 것인지, 또 결혼이라는 제도가 그 텅 비어 버린 행복의 자리를 채워 줄 수 있는 것인지를 묻는 질문이어야 한다.

왜냐하면 우리는 결혼을 하는 것이 결혼을 하지 않는 것보다 더 행복한 것인지 단정 지어 말할 수 없기 때문이다.

그러나 여전히 과거의 것들을 강화시켜 나가려는 사람들은 때때로 자신과 다른 방식의 삶을 살아가는 사람들에게 정당한 까닭을 요구하며 은근한 불편을 드러내기도 한다. 하지만 우리가 각자의 존재의 이유와 나만의 고유한 삶의 방식을 서로에게 납득시켜야 할 까닭은 없다. 그것은 누군가가 승인해 주어야만 존재할 수 있는 것이 아니며, 서로를 곤란에 빠트리지 않는 선 안에서라면 우리는 내가 원하는 나의 삶을 얼마든지 연출할 수 있다.

　자신의 삶의 주체가 되지 못하는 사람들은 언제나 스스로의 삶에 주인이 되고자 하는 타인들이 불편하다. 그들은 우리의 삶의 주인이 우리와는 별개로 어딘가에 있다고 생각한다. 우리는 (역사적인 이유 등으로) 차마 자신의 삶의 주체일 수 없었던 사람들 속에서 자라 왔으며, 그렇기 때문에 일찍이 나의 삶의 주인이 되는 방법을 배우지 못했다.

　스스로 굳건히 서 있지 못한 개인들은 미약한 바람에도 흔들리며, 그 흔들림 속에서 그들은 자신을 지탱하기 위해 없는 지푸라기를 만들어 잡기도 하며, 있는 대로의 발톱을 힘껏 내세워 보기도 한다. 그리고 그렇게 함으로써 자신의 유약함을 감추려 하지만 그것은 오히려 나의 상처를 주변으로 퍼트릴 뿐이다.

　언제나 깊은 생각 없는 질문에 깊은 생각으로 답을 해야 할 필요는 없지만 우리는 그 무례함을 그냥 지나치기에는 타인의 눈에 비추어지는 나의 모습에 지나치게 매여 있다. 그 결과 우리는 모두 우연조차 '내 탓'으로 만들어 버리는 신경증적인 사람이 되거나, '나의 과오'조차 '남의 탓'을 하는 이상 성격을 보이기도 한다.

　열등하지 않은 우리에게 열등해지길 강요하는 사회의 잘못된 관습이 '결혼'에만 국한된 것은 아니다. 그럼에도 불구하고 이 책이 '결혼'이라는 화두를 골라잡은 이유는 결혼을 강요당하는 사람들에 대한 안타까운 마음에서였다. 착한 우리들은 그러한 강요에 대한 불편감을 드러내지조차 못하기 때문이다. 아니, 어쩌면 우리에게는 타인에게 나의 입장을 전달하는 더 좋은 방법이 필요할지 모른다.

 도대체 결혼은 왜 해야 하는 것인지, 결혼을 한다면 어떤 사람과 해야 하는지, 또 왜 어른들이 말하는 조건대로의 만남은 현실성이 없어 보이는지 우리는 한 번 짚고 넘어가야 할 것 같다.
 시공간의 영향을 거스를 수 없는 물질적 존재인 우리가 과거부터 지니고 있던 결혼에 대한 인식과 그 형태는 이제 바뀌어야 한다. 어느 누구도 흘러간 시간과 그에 따른 세상의 변화를 인정하지 않을 수는 없기 때문이다.
 이 시대는 더 이상 우리가 단순히 생존하는 것만으로 만족하지 않는다. 우리는 지금까지 낡은 옷을 꿰어 입느라 이미 몹시 지쳐 있다. 하지만 우리는 지쳐 있기에는 너무 아까운 시간들 앞에 놓여 있으며, 그렇기 때문에 이제 나에게 맞지 않는 옷을 버리고, 각자에게 맞는 새로운 옷을 찾고 또 만들어야 할 때가 되었다.

 누구나 살다 보면 어느 순간 자신의 주위를 지키고 있는 사람들과의 관계에 회의를 느끼고 무엇인가 잘못되었음을 직감하는 삶의 특이점이 온다. 완벽하지 못한 인간은 누구나, 언제까지도 성장의 과정 중에 있지만, 많은 사람들은 서로의 의식의 성장을 전혀 존중해 주지 못한다.
 그래서 그들은 우리에 대해서 언제나 과거와 같이 늘 어리고 의존적인 아이를 대하던 태도를 유지한다. 하지만 그것은 마치 우물 밖으로 나가려는 우리의 옷깃을 잡고 원래 있던 곳에 얌전히 있어야 한다고 말하는 은근하지만 강력한 짓누름처럼 느껴진다.

  하지만 우리는 이것이 마치 어린왕자의 장미꽃처럼, 우리가 그들을 길들인 것은 아닌지 의심해 볼 수도 있다. 그렇다면 우리는 지금까지와는 다른 태도를 취할 필요도 있을 것이다. 우리에게는 지금까지 자신을 내맡기고 있던 그 무언가에서 벗어나 나의 삶을 성찰해 보고 진정한 나를 찾기 위한 새로운 움직임이 필요하다.

목차

프롤로그 5

Part 1
Questions

I What 19

인간
인간과 나 22
인간이라는 동물 25
공감 VS 존중 30
나는 누구인가 34
선하다는 흔한 말 37

삶
인간과 삶 41
삶의 목적 44
같이 삽시다 47

관계(relationship)
고독은 외롭지 않다 50
외로운 '답정녀'들 53
안녕하세요 58
자유의 발견 62
결혼이라는 강박 66
배려는 이성(理性)이다 72
교만과 무배려 76

II When 79

불안한 사람들 79
타이밍은 기다리는 곳에 있다 82

III Who 84

누구를 사랑할까 84
플라토닉 러브 88
좋은 사람 91
정의로운 사람 96
무엇이 옳은가 100
도덕성(忍) 104
욕망 117
가치관 122

IV How 126

깨어 있음(awakeness)의 차원에서
자신을 잃어버린 사람들 126
지금—여기, 내가 있다 130
변화해야 변하지 않는다 133
죽음으로써 산다 138

자연스럽게(like natuer)

자연스럽게 살다 141

잘해주다 143

쓰레기 걷어차기 146

우리의 질풍노도 150

거꾸로 돌아가는 세상 156

비상(rise)하며

과거는 과거로 두어야 아름답다 158

잘 살다(well-being) 160

Part 2
Why

V 사랑을 위하여 165

사랑이 뭐길래 165

사랑은 창조다 170

따뜻한 무관심 174

위대한 사랑 177

불 이야기 179

결혼은 사랑으로 하는가 181

사랑은 언제나 목마르다 184

사랑은 변하는가 186

VI 새로운 세계를 위하여 188

삶과 죽음 188
인간은 생각보다 유능하다 192
모든 시작은 결핍이다 195
착하지 말아야 할 때 198
그럼에도 불구하고 착하게 살자 201
배려에는 공감이 필요한가 205
참을 수 없는 가벼움 210
우리는 어디에 있는가 213
중간을 찾아라 218

에필로그 222

Part 1   Questions

인간은 기계가 아니다. 특정 시대의 그늘 아래 산다고 해서 인간을 그것의 부속물쯤으로 여기는 것은 곤란하다. 부속물은 동일성과 일관성이 생명이지만, 사물이 아닌 인간은 다양성과 활동성을 그 생명력으로 한다.
　우리는 죽어 있는 사물이 아닌 살아 있는 인간으로 살아가야 한다. 그러기 위해서 우리는 항상 비판적인 시각으로 주위를 관찰해야 하며, 내가 온전한 나로서 살아가지 못하게 하는 것들에 용기 있게 맞섬으로써 진정한 나를 찾으려는 시도를 멈추지 말아야 한다.

　익숙함에서 벗어나는 일은 늘 괴롭다. 하지만 그것은 내 눈이 또 다른 것에 익숙해지기 전까지만이다. 우리는 우리 자신을 믿어야 한다. 새로운 도전 앞에 용기를 낼 수 있는 힘은 스스로에 대한 믿음에서만 나오기 때문이다.
　우리는 자꾸만 내가 누구인지 대신 말해 주겠다는 사람들 때문에 늘 혼란스럽다. 하지만 본래 내가 누구인지 말할 수 있는 사람은 나뿐이다. 그렇기 때문에 나를 믿을 수 있으며, 기꺼이 믿어주어야 하는 것 또한 다른 누구도 아닌 나 자신이다.

우리는 행복해야 한다. 그것이 바로 우리 모두의 좋음이기 때문이다. 인간은 행복할 때에만 비로소 인간답게 살 수 있다. 행복한 사람은 삶의 의미를 탓하지 않는다. 그리고 삶의 의미를 탓하지 않는 사람은 늘 살아갈 용기가 있다. 살아갈 용기를 잃은 사람들은 삶의 곳곳에 있는 의미를 모두 놓치고 있기에, 그들의 삶은 스스로에게 의미가 없는 것처럼 여겨진다.

그래서 삶의 의미를 모르겠다 말하는 사람은 단지 지금 행복하지 않다고 말하는 것과 같다. 그리고 그들이 행복하지 않은 이유는 응당 살아갈 용기를 잃었기 때문이다.

우리에게 지금 무엇이 중요하며, 무엇이 좋은지를 아는 것은 나의 행복을 찾는 데에 도움이 된다. 하지만 그것들은 정해진 것은 아니며, 또 그것을 정해 주는 존재가 우리의 외부에 있는 것도 아니다. 최선의 답은 항상 우리 안에 있으며, 그렇기 때문에 우리는 먼저 자신의 마음을 들여다볼 필요가 있다.

그러므로 행복은 이미 우리 안에 있다. 단지 우리는 그것을 스스로 알아채지 못하고, 꺼내지 못할 뿐이며, 그것을 알아채고 꺼낼 수 있도록 하는 적절한 지지와 응원을 받지 못했을 뿐이다.

하지만 그러한 지지와 응원은 반드시 타인으로부터 와야 하는 것은 아니다. 오히려 타인의 그것은 내가 컨트롤할 수 없다는 점에서 무력감을 불러오기도 한다. 그래서 언제나 우리를 돌봐 주어야 하는 것은 타인이 아닌 자기 자신이다. 자기 자신에게 돌봄을 받는 사람만이 진정 행복할 수 있기 때문이다.

그리고 우리가 찾는 그 행복은 향기와 같아서 그것을 마침내 찾은 사람들은 늘 주위에 행복을 풍긴다. 행복의 기운은 무한하며, 그렇게 우리에게서 행복의 기운을 느끼는 사람들이 많아지면 그 행복의 기운은 더 큰 행복이 되어 다시 우리에게로 돌아온다.

그렇다면 행복하기 위해서 우리는 언제, 어떻게, 누구와, 무엇을 해야 할까. 나의 온전한 삶을 위해서, 또 나에게 주어진 모든 것을 겸허히 감당해 내기 위해서 말이다. 이 파트가 그에 대한 각자의 답을 찾는 데에 조금이나마 도움을 줄 수 있다면 좋겠다.

I
What

 삶은 선택의 연속이라고 한다. 우리는 삶을 살아가면서 끊임없이 매 순간 무엇을 할 것인지 선택하기 위해 늘 고민한다. 그러나 무엇을 할 것인지를 결정하기 위해 사용하는 기준은 사람마다 다르다. 삶에서 우리가 사용하는 각자의 기준은 우리의 삶의 목적을 위한 것이다.

 그리고 누군가는 이러한 삶의 목적에 대해 행복이라는 것을 말한다. 하지만 삶의 목적이 행복이라고 하는 이유는 단지 그것이 최선이기 때문이며, 엄밀히 말해 그것은 삶의 목적이 될 수 없다. 왜냐하면 행복이 삶의 목적이 되는 순간, 행복하면서까지 살아야 하는 이유 즉, 또 다른 삶의 목적이 필요해지기 때문이다.

 우리는 행복의 가치가 과연 삶이 몰고 오는 고통을 기꺼이 감내할 정도가 되는지 정확히 알 수 없다. 또 우리는 삶에서의 불쾌한 순간들마저 모두 상쇄시킬 만한 행복이 도대체 무엇이며 그것이 얼마만큼인지도 알 수 없다.

 그런 면에서 인간은 도대체 행복하기 위해 사는 것인지, 아니면 살기 위해 행복하려는 것인지도 알 수 없으며, 이는 우리가 먹기 위해 사는 것인지, 살기 위해 먹는 것인지와 같이 해도 그만, 안 해도 그만인 질문인지도 모른다.

  시간은 결국 흐른다. 시간의 흐름에서 비껴갈 수 없는 것들은 언제나 변화한다. '목적'이라는 것 또한 마찬가지다. '목적'이었던 것은 달성되고 나면 또 다른 목적을 향하는 과정에 다시 '수단'이 될 것이다.
  달성되지 못한 목적은 수단이 될 수조차 없다는 것을 기억한다면 우리는 우선, 행복을 '목적'에 두어야 할 것 같다. 하지만 우리가 진정 원하는 것은 '행복한 것'이라기보다는 행복하게 '사는 것'이다. 행복이 일시적인 현상이라면 그것은 아무런 힘도 없을 것이기 때문이다.

  행복은 절로 주어지는 것이 아니다. 우리가 스스로 찾아가고 만들어 가는 것이 바로 행복이다. 행복을 찾기 위해서는 우선, 그것이 어떤 모습을 하고 있으며, 주로 어느 곳에서 발생하는지 아는 것이 필요하다. 서울에서 김수안을 찾으려면 우선, 김수안이 어떻게 생겼는지, 주로 어디에 머물며, 어디에서 출몰하는지를 알아야 하는 것과 같다.
  미리 귀띔하자면, 행복이 찾기 힘든 이유는 그것의 다양한 형태와 눈에 보이지 않는 특성 때문이다. 행복은 볼 수도, 만질 수도 없으며, 단지 느낄 수 있을 뿐이다. 그렇기 때문에 때로는 행복을 쥐고 있으면서도 그것의 존재를 부정하는 것도 가능하다. 그리고 행복은 대체로 관계 속에서 피어난다. 나와 나의 관계, 나와 타인의 관계, 나와 세계의 관계에서 행복은 늘 도처에 숨어 있다.

'행복한 삶'이라는 것을 제대로 파악하기 위해서는 먼저, 행복의 주체인 인간을 알 필요가 있다. 그렇기 위해서 우리는 먼저 나를 알아야 한다. 의외로 사람들은 자기 자신을 잘 알지 못한다.

우리가 나 자신을 먼저 살펴보아야 하는 이유는 세상에서 내가 가장 잘 알 수 있는 인간이 바로 나이기 때문이다. 우리는 나를 기준으로 타인을 규정해서는 안 되지만, 나를 참고로 하여 타인을 존중하고 배려하는 것은 가능하다.

그리고 이제 인간에 대해 어느 정도 파악이 되었다면, 그 다음에는 내가 행복을 연출할 무대인 삶이라는 장(場)을 살펴볼 차례이다. 우리는 이곳을 세상 또는 세계라고도 부르며, 이것이 흘러가는 방향과 움직이는 원리가 바로 우리가 찾는 것의 핵심일 수 있다.

마지막으로 우리는 그 장 안에서 나와 세계를, 인간과 인간을 이어 주는 관계라는 동아줄을 발견해야 하며, 이 세 가지 요소를 잘 알지 못하면 우리는 언제, 어디에서든 길을 잃고 헤매이며, 동굴 속에 갇힌 죄수가 되어 어둠에 가려진 나와 세상의 아름다움을 볼 수가 없다. 따라서 이 장에서는 인간과 삶, 그리고 관계란 무엇인지를 고민해 보고자 한다.

인간

인간과 나

인간이란 무엇일까. 세상에는 인간을 다른 동물들과는 별개인 존재로 보는 사람도 있지만, 수많은 동물 중의 하나일 뿐이라고 생각하는 사람도 있다. 또 인간을 신의 선택을 받은 존재로 생각하며, 그에 대해 경이로워하는 사람이 있는 반면, 인간을 단지 유전자의 노예로 전락시키는 사람도 있다.

하지만 그 정의가 어떠하든, 분명한 것은 인간은 모두 공통적으로 먹고, 자고, 배설해야 하며, 가끔은 고장도 나는 육체와 실체 없이도 이성적이며 자유로울 수 있는 사유 능력, 이 두 가지를 가졌다는 것은 분명하다.

하지만 여기서 우리는 인간이 무엇인지에 대한 합의를 굳이 이끌어 내야 할 필요는 없다. 우리가 알아야 하는 인간에 대한 지식은 스스로를 알아가는 데에 참고할 정도면 충분하다.

삶에는 적어도 나를 알아야만 통제가 가능한 것들이 많다. 우리는 나를 알기 위해, 나를 포함하고 있는 인간이라는 존재에 대해서 먼저 알아야 하며, 보편적인 인간을 알기 위해서는 다시 나를 알아야만 한다.

　우리는 삶의 곳곳에 널린 나에 대한 앎을 필요로 하는 것들을 반드시 통제할 수 있어야 한다. 왜냐하면 우리는 나에게 일어나는 예기치 못한 일들조차 통제할 수 있어야만 나의 삶에 진정한 주인이 될 수 있기 때문이다.

　우리는 예상치 못한 사건과 의도치 않은 상황이 물리적으로 일어나는 것을 막을 수는 없다. 하지만 적어도 그것이 나에게 미치는 영향과 그에 대하여 어떠한 태도를 취할 것인지는 결정할 수 있다.

　삶에서는 어떤 일도 일어날 수 있으며, 우리는 무엇이든 할 수 있다. 또 우리는 우리의 삶에서 일어나는 모든 일들의 의미를 찾아 가고 만들어 갈 수 있으며, 그것을 어떻게 받아들일 것인지, 그리고 그것을 어떤 기회로 만들 것인지를 스스로 선택할 수 있다.

　또한 우리의 삶은 우리의 책임이다. 책임이 나의 몫이라면, 선택 또한 나의 영역이어야 한다. 그래서 우리는 내 삶을 어떤 방식으로 살 것인지에 대해 다른 사람에게 물어볼 필요가 없다.

　만약 당신이 스스로 아무것도 조절할 수 없다고 느낀다면, 당신은 무능력한 것이 아니라, 단지 당신이 무엇이든 할 수 있는 유능한 인간이라는 사실을 믿지 못하는 것뿐이다. 그리고 당신이 자신을 믿을 수 없게 된 이유가 무엇이건, 당신은 마음속에서 울고 있는 진짜 나를 외면한 채, 자신만의 고유한 삶을 살고 있지 못한 것일지 모른다.

우리는 좋은 부모, 좋은 스승이 무엇인지 모르고 좋은 부모나 스승이 될 수 없듯이, 마찬가지로 인간이 무엇인지 모르고는 인간다운 인간, 또는 좋은 인간이 될 수는 없다. 인간의 대표로서의 나를 알기 위해서는 먼저 지금, 여기에 서 있는 모습 그대로의 나를 인정하고 수용하며, 긍정하는 것이 필요하다.

인간이라는 동물

인간에 대해서라면 언제나 관문처럼 마주하게 되는 고질적인 질문이 있다. 그것은 바로 "인간과 금수를 나누는 기준"에 관한 것이다. 옛 선인들에 의하면, 인간은 '이성'이 있기 때문에 '동물적 본능'만 가지고 살아가는 금수와는 구분된다고 한다.

이 말은, 이미 이성을 가진 인간이라는 동물의 행동에 대해서는 '동물적 본능'으로 설명할 수 있는 것에 한계가 있다는 것이다. 인간은 본능을 초월한 존재이다. 그것이 없다는 것이 아니라, 인간은 그 동물적 본능을 환경에 맞게 적절히 통제할 수 있는 '이성'이 있으며, 그렇기 때문에 인간은 금수와 다를 수 있는 것이다. 세상에는 이성이나 자유 의지에 대한 회의감을 가진 입장도 있지만 지금 우리는 조금은 단순하게 바라보는 편이 좋을 것 같다.

그렇다면 이렇게 '금수와는 달리 본능을 통제할 수 있는 이성을 가진' 인간의 본성은 어떠할까. 역사 속의 많은 의견들에 의하면 그것은 바로 '탁월함에 대한 추구'라고 한다. 여기에서 말하는 '탁월함'은 시험에서 높은 점수를 받거나, 특정 기술이 타인보다 능숙한 차원을 의미하지 않는다.

이 탁월함을 우리는 '좋음' 내지는 '선(善)'이라고 말하기도 한다. 그래서 '탁월함을 추구'하는 인간은 달리 말해 '선을 추구'하는 존재인 것이다. 우리는 스스로 탁월(선)해질 때에 만족할 수 있고, 나의 탁월함(선)으로 인해 세상을 밝힐 때 자신의 가치를 느끼게 되며, 그럴 때에만 진정으로 행복한 인간이 된다.

우리가 많이 들어왔듯이, 인간의 본성이 선하다는 말은 다시 말해 인간은 본성적으로 선을 향한다는 것이다. 이것은 모든 인간의 모든 순간이 선하다는 것은 아니며 오히려, 본성이 선을 향하는 인간은 선을 지향함을 억압받는 상황에서라면 그것을 드러내지 못할 수도 있다는 말로 이해해야 한다.

따라서 선은 인간 일반의 공통의 재능인 것이다. 하지만 그것이 드러나기 위해서는 그것을 가리고자 하는 것으로부터 분리되어야 하며, 때로는 이미 가려진 선을 되찾기 위해 그 무언가를 행해야 하는 수고로움이 필요하다.

이러한 본성이 '드러나지' 못한 인간의 '현재'는 선하지 않을 수 있다. 그렇기 때문에 누군가 '현재' 선하지 않다면 우리는 인간의 '본성'을 의심할 것이 아니라, 그를 둘러싸고 있는 사회가 그의 선을 가리려 하는 것은 아닌지 의심해 보는 것이 낫다. 우리 사회에는 인간의 선한 본성이 드러나도록 강화하는 힘도 있지만 이 선한 본성을 억제하려는 힘도 작용하고 있기 때문이다.

따라서 탁월함을 추구하는 인간의 본성은 언제든지 선해질 수 있는 가능성을 가진다. 오늘보다 내일 더 나아지고, 오늘보다 내일 일도, 공부도 더 잘하고 싶고, 더 행복해지고 싶은 것, 그리고 나의 존재를 수용받고, 나의 능력을 인정받고 나아가 나의 능력으로 타인에게 좋은 영향을 미치고자 하는 것이 우리의 공통적인 바람임을 부정할 사람이 있을까.

또 우리가 서로 공감하고 친구가 될 수 있는 것, 도덕적으로 칭찬하고 비난할 수 있는 것, 그리고 사회적으로 바람직한 것과 그렇지 않은 것이 분명히 존재한다는 사실들은 우리 모두의 본성이 같은 곳을 바라보고 있음을 말해 준다.

그렇다면 이렇게 '금수와 달리, 본능을 통제할 수 있는 이성을 가지고, 선해질 수 있는 가능성을 품은 채, 본성상 탁월함을 추구하는' 인간의 본질은 어떠할까. 우리는 사물의 본질에 대해서는 정의를 내리곤 하지만, 인간 또한 본질을 갖는다고는 생각하지 않는다. 하지만 언제나 지금의 우리가 알지 못한다고 해서 존재하지 않는 것은 아니다. 그렇다면 이 유능한 인간의 본질은 무엇일까.

인간을 비롯한 생명체의 공통적인 본능에는 식욕, 수면욕, 성욕이 있고, 다른 인간들과 마찬가지로 탁월함에 대한 추구가 우리의 공통적인 본성이라고 해도, 개별 인간이 가진 본질은 서로의 그것과는 구별된다. 예를 들면 이렇다.

A는 음악으로써 자신을 표현하며, 노래를 할 때 가장 행복하다.
B는 연기로써 자신을 표현하며, 연기를 할 때 가장 안정되며 즐겁다.
C는 운동을 할 때, 살아 있음을 느끼며, 가장 보람 있다.
D는 세상에 대한 탐구를 하고 이를 글로 써내는 것으로 자신을 표현하며, 글을 쓸 때 가장 편안하고 자기됨을 느낀다.

A의 본질은 노래하는 인간이며, B의 본질은 연기하는 인간이다. C의 본질은 운동하는 인간이며, D의 본질은 글을 쓰는 인간이다.

이렇게 본질은 사람마다 다르며, 같을 필요도 없고, 같을 수도 없다. 하지만 자신의 본질을 아직 찾지 못한 사람들은 자꾸만 다른 사람의 본질을 모방하려고 한다. 노래하는 본질을 가진 사람은 굳이 운동을 잘할 필요가 없으며, 글쓰는 본질을 가진 사람은 굳이 연기까지 잘할 필요는 없다. 모두가 똑같은 것을 잘한다는 것은 불가능하며, 우리는 언제나 남이야 뭘 하든, 내 안에 있는 것을 발견하기만 하면 된다.
그리고 자신의 본질을 찾는 작업은 의도적이지 않다. 내가 즐겁고 편안하며, 가장 나다운 일을 따라가다 보면 마침내 우리는 그것을 찾게 될 것이다. 그러나 이것은 하루 이틀 만에 찾아지는 것은 아니다.

그런데 우리가 만약 다른 사람들의 본질도 나와 같을 것이라고 가정한다면, 우리는 늘 타인과의 부딪힘을 면치 못할 것이다. 그렇게 되면 우리는 타인들이 가진 자신과 다른 본질을 존중하지 못하여 결국 대인 관계에 실패하고, 다른 사람들의 탁월함에 대한 추구를 방해하는 사람이 되어 스스로도 탁월해질 수 없는 삶을 살게 될 것이다.

사람의 본질은 모두 다르다. 그렇기 때문에 우리는 자신의 본질을 타인의 그것과 비교할 필요가 없으며 그래서도 안 된다. 모두가 똑같이 공부를 잘하거나, 모두가 똑같이 노래를 잘하는 세상은 있을 수 없으며, 그렇게 조화롭지 못한 세상이었다면 인류는 진작 종말했을 것이다.

"인간은 선한 본성을 가지고, 자신만의 본질에 의지하여, 탁월함을 추구하는 존재다."

이렇게 본능, 본성과는 달리, 본질은 같은 인간이라고 해서 모두 같지 않다. 우리는 인간의 본성을 이해하지 못하는 것과 마찬가지로, 본질 또한 찾지 못해 늘 방황하고 있다.

본능과 본성의 경우에는 서로 다르지 않기 때문에 주변인을 모방하는 것만으로도 그것들을 찾을 수 있는 반면, 본질은 사람마다 다르기 때문에 나의 본질을 다른 사람이 대신 찾아 주거나, 내가 다른 사람의 본질을 찾아 줄 수는 없다. 그럼에도 불구하고 많은 사람들은 자신의 본질을 타인에게서 찾으려 하며, 자신이 타인의 본질을 만들어서 주입할 수 있다고 착각한다.

공감 VS 존중

우리의 공통된 본능과 본성은 타인을 모방함으로써도 찾을 수 있고 또 그렇게 해서 충족시킬 수도 있다. 그렇기 때문에 이것은 서로 '공감'이 가능한 영역이다. 하지만 본질의 경우에는 서로 같지 않기 때문에 이것은 타인을 모방하는 것으로는 찾을 수 없고, 타인과 공유되지 않으며, 서로 공감할 수 있는 부분도 아니다.

만약 이것을 앞선 욕구들과 같이, 타인을 모방하여 찾고자 한다면, 우리는 각자의 본질을 찾기는커녕, 더욱 무기력하고 혼란스러운 욕구의 불만을 경험할 뿐이다.

나의 본질은 내가 아니면 아무도 알 수 없다. 타인의 본질은 제아무리 훌륭한 스승이라도 찾아 줄 수 없으며, 어떤 권위자가 정해서 부여해 줄 수 있는 것도 아니다. 따라서 우리가 필요로 하는 삶의 조건은 모든 사람이 스스로의 본질을 찾는 활동을 할 수 있는 환경과 자신을 찾을 용기를 낼 수 있도록 하는 무한한 지지와 응원뿐이다.

우리는 혼자 있을 용기가 필요하다.
고독하고 불완전한 나를 마주할 용기,

그리고 '외부 세계 안의 나'가 아닌
'내 안의 나'와 만나고,
그런 나에게 어울리는 세상을 구상해 나갈 용기가 필요하다.
나의 본질은 그런 자신과의 만남 속에서 피어날 것이다.

인간의 본질은 사람마다 다르기 때문에 비교의 대상이 될 수 없다. 이 본질을 우리는 '정체성'이라고도 한다. 우리의 내적 갈등과 대인 간의 갈등 중 상당 부분은 서로 다른 본질을 대하는 우리의 태도에서 발생한다.

애초에 본질이 다른 인간은 서로 비교 자체가 불가능하며, 그렇기 때문에 적어도 삶이라는 장(場) 안에서 우리는 결코 서로 경쟁하는 관계가 될 수 없다. 완벽하지 않은 인간들은 다행히도, 다양한 본질을 가지고 있는 덕분에 우리는 서로의 본질을 통해서 충분히 상생할 수 있다. 내가 못하는 것은 네가 할 수 있고, 그가 하지 못하는 것은 내가 할 수 있으니 필요한 사람에게 나의 넘치는 부분을 나누어 준다면 아무리 불완전한 인간이라 해도 잘 살아갈 수 있다.

공감이 가능한 인간 공통의 본성과는 달리, 서로 다른 본질은 공감을 할 수 없기 때문에 '인정'과 '존중'이 필요한 부분이다. 이에 대해서 우리가 공감할 수 있는 것은 단지 내가 나의 본질대로 살고 싶은 것과 마찬가지로 타인도 그러한 욕구를 가지고 있다는 것뿐이다.

따라서 남이 못하는 일을 내가 할 수 있다고 우쭐하거나 남을 무시할 이유도 없고, 남이 잘하는 것을 나는 못한다고 해서 주눅 들 필요도 없다. 우리는 오직 서로가 잘하는 부분, 서로의 본질을 인정해 주고 서로 부족한 부분을 채워 가며 함께 살아갈 수 있다면 그것이 인간으로서의 최고의 가치인 것이다.

자신이 사회에 기여할 수 있다는 느낌을 전문가들은 자아 효능감이라 한다. 그리고 이것이 생산되지 않을 때 인간은 자신의 삶이 의미 없다고 여기게 된다. 인간은 자신만의 본질을 통해 자신을 표현하고 사회에 기여한다. 사회가 성장하고 발전할 수 있는 이유는 다양한 분야에 골고루 분포되어 있는 서로 다른 본질을 통해 사회에 공헌하고자 하는 사람들이 있기 때문이다.

반대로 사회가 개인의 본질은 무시한 채, 모두 일률적인 활동만을 강요한다면 그 사회는 병들고 피폐해질 수밖에 없다. 사회를 유지하고 발전시키는 데에 필요한 다양한 역할들은 인간의 불완전함으로는 도저히 미리 예측하여 목록화해 놓을 수 없기 때문이다.

하지만 우리는 자신의 감정을 억누른 채로는 자신의 정체성을 찾을 수 없다. 내가 무엇을 할 때 가장 행복한지 알 수 없는 사람은 자신의 본질에서 점점 멀어져만 갈 뿐이다. 그리고 자신의 정체성을 찾지 못한 사람은 그로 인해 사회에 공헌하려 하기보다는 사회에 대하여 자신의 결핍감을 충족시켜 줄 어떤 보상을 바라게 될 것이다.

하지만 우리가 흔히 부딪히는 다름의 문제 중에는 본질 플러스 알파도 있다. 그리고 그 알파는 바로 개성이다. 최근 말로 개(인의) 취(향)라고도 하는 개성은 그 사람이 자신의 '본질을 표현하는 방법'이라고 볼 수 있다. 즉, 노래하는 인간이라고 해서 다 같은 방식으로 노래를 하지는 않으며, 공부를 한다고 해서 다 같은 책과 같은 스승에 힘입어 공부하는 것은 아니라는 것이다. 이 또한 우리의 정체성을 구성하는 한 부분이며, 공감할 수 있는 부분이기보다는 인정해 주어야 할 서로 다른 차이이다.

개성은 나를 표현하는 방식, 나만의 언어이다. 다른 사람의 언어를 빌려 나를 표현하려는 것은 스스로의 표현의 자유를 억압하는 것이며, 그것은 또한 나에게 맞지 않는 옷을 입고서 편안하려고 노력하는 무모함과 같다.

한 사회에 산다고 해서 모두가 같아져야 할 필요는 없다. 만약 모두가 같은 모습으로 존재한다면 세상은 균형을 잃고 조화를 이룰 수 없을 것이다. 우리가 몸의 조화와 균형이 깨지면 질병에 걸리는 것과 마찬가지로, 이 세상 모든 것도 조화와 균형을 그 원형으로 한다. 그렇기 때문에 우리는 타인과 같아지기 위해 애써 나를 변형시켜야 할 필요가 전혀 없다.

"변신 로봇에게.
너의 그 유능함으로 세모를 만나면 세모로 변하고, 네모를 만나면 네모로 변하지 말고, 차라리 어디든 담길 수 있는 물이 되는 것이 어떻겠니? 그렇지 않으면 변신하는 데에 모든 에너지를 다 써 버린 나머지, 정작 너에게 소중한 것들을 지킬 힘이 남아 있지 않을 거야."

나는 누구인가

우리는 인간이라는 보편적 존재를 이해하기 위해서 반드시 먼저 '나'를 알아야 한다. 내가 가장 잘 알고, 내가 컨트롤할 수 있는 유일한 인간은 '나'뿐이기 때문이다. 내 마음조차 알지 못하는 사람이 다른 사람의 마음을 공감하고 이해할 수는 없다. 나를 기준으로 모든 인간을 일반화시킬 수는 없으나, 나의 경우를 빌어 서로의 다름을 인정하고 이해해 볼 수는 있다.

세상에는 변화하는 것과 변화하지 않는 것이 있다. 변화하는 것의 대표적인 것이 인간이며 그 인간의 대표가 바로 '나'이다. 변화하는 것은 규정할 수 없다. 그렇기 때문에 내가 '어떤 사람이구나'라고 규정해 버린다면 변화한 나, 성장한 나에 대해서는 받아들일 수가 없게 된다. 나는 그러한 특성도 있는 사람이지, 그러한 사람인 것만은 아니기 때문이다. 세상에 고지식한 사람이 많은 이유는 그들이 인간이 늘 변화하는 존재라는 것을 잊고 있기 때문이다.

내가 있는 그대로의 나를 받아들이지 못한다면 인간은 먼저 자기에게 소외되며, 자기에게조차 소외된 사람은 타인에게도 쉽게 소외감을 느끼며, 또한 자신도 모르게 타인을 소외시킨다.

이렇게 우리는 있는 그대로의 자신을 받아들이지 못함으로써 서로를 소외시키는 사람이 되고, 결국 우리 사회에는 소외되고, 소외시키는 것을 반복하는 가운데 서로 상처를 주고받는 이상한 구조가 형성된다.

이러한 구조 속에서는 언제나 피해자도 가해자이며, 가해자도 피해자이다. 그리고 이것은 우리가 우물쭈물하고 있는 동안에 세대 간에 대물림되며 그 안에 자유와 행복이 들어갈 자리는 없다.

변화하는 것은 필연적으로 불안을 야기한다. 하지만 변화하는 것도 나름의 법칙과 경향성을 갖는다. 이 법칙과 경향성을 이해하면 우리는 변화가 일으키는 필연적인 불안에서 어느 정도 자유로워질 수 있다.

우리는 변화하는 것의 변화를 받아들이고, 변화하지 않는 것에 의지하여, 순간순간의 경향성을 읽어낼 수 있어야 한다. 우리의 본능과 본성, 그리고 마침내 찾은 본질은 변하지 않는다. 우리는 변하는 것(돈, 외모, 관계 등)에 의존하는 대신, 변하지 않는 것(나의 정체성, 나의 마음, 진실된 사랑 등)에 의지해서 살아가야 한다.

우리는 우리 사회의 공통된 상식에 의거해 살아간다. 우리의 상식이 통하는 이유는 우리의 본능과 본성이 같기 때문이다. 맞으면 아프고, 식사를 하지 않으면 배가 고프며, 비난하면 기분이 나쁘고, 공정하지 않은 상황에 분노하며, 남에게 해를 끼치면 죄책감을 느끼고, 그러한 자신에 대한 수치감이 우리를 스스로 무력해지도록 만드는 것은 모두에게 동일하다.

하지만 때로 상식이 어긋나는 경우도 있다. 그러나 우리가 때로 상식적인 행동과 반응을 보이지 못하는 것은 우리의 본성이 나빠서가 아니라, 무언가 우리를 두렵고 불안하게 하기 때문이다.

사람은 대개 불안과 두려움 앞에서는 나의 본래의 모습을 감추려 한다. 또한 사람은 모두 불안에 대한 역치가 다르기에, 어떤 이들은 작은 불안에도 움츠러드는가 하면, 어떤 이들은 불안해 보이지도 않을 만큼 씩씩하며, 때문에 불안에 민감한 사람은 같은 것을 보아도 더 심한 고통을 느낀다. 그러므로 상식 이상의 반응을 보이는 사람들에게 필요한 것은 비난이 아니라, 오히려 그들을 그렇게 만든 불안에 공감해 주는 것일지 모른다.

빨간색 셀로판지를 통해 세상을 보면 세상 모든 것이 빨갛게 보인다. 불안을 지닌 채로 세상을 바라보면 세상 모든 것이 불안해 보인다. 우리가 불안해하는 모든 것은 사실 우리의 불안한 마음 때문이었다. 흔들리는 것은 깃발이 아닌 내 마음이듯, 불안한 것도 네가 아니라, 너를 보는 내 마음이었다.

"인간의 영원한 과제는 인간이다."

선하다는 흔한 말

인간의 본성이 선(善)하다고 말한다면, 우리 앞에는 인간의 본성이 선하지 않아 보이는 수많은 사례들이 나타날 것이다. 하지만 우리가 인간관계에서 겪는 대부분의 갈등은 우리가 선하지 않아서라기보다는, 오히려 선하기 때문인 경우가 많다. 사람은 항상 자신이 선하다고 판단하는 대로 행동하며 자신에게 심어진 그대로의 선을 추구하기 때문이다.

우리가 사는 사회에 선하지 않은 것처럼 보이는 사람들이 많은 이유는 단지 우리의 선이 서로 다르기 때문이다. 그리고 그렇게 각기 다른 선을 근간으로 하는 '정의' 역시도 그에 따라 달라진다. 선에 대한 인식이 다르고 그에 따른 정의가 다른 사람들이 모여 사는 사회는 언제나 바람 잘 날이 없다.

사람은 모두 선에 대한 의지가 있으며, 정의에 대한 갈망이 있다. 하지만 사람마다 그 선과 정의(正義)에 대한 정의(定意)가 다르고 또 어떤 경우는 의도적으로 그것들을 왜곡하기 때문에 우리가 체감하는 인간의 본성은 선과는 거리가 있어 보인다.

개인이 가진 '선의 기준'에는 환경적인 영향이 크다. 따라서 서로 다른 환경에서 자란 우리들이 생각하는 선은 충분히 다를 수 있는 것이다. 하지만 선이 상대적이라거나, 그것이 동의하는 사람의 수에 따라 변하는 것은 결코 아니다.

수(양)적으로 많은 것이 반드시 옳은 것이라 말할 수는 없으며, 그것이 정의로운 것이라 말할 수도 없다. 많은 사람들이 낮에 일을 한다고 해서, 낮에 일하는 것이 옳다거나 정의로운 것은 아니며, 많은 사람들이 서른 즈음에 결혼을 한다고 해서 그것이 옳고, 정의로운 것도 아니다.

우리의 '선'은 주로 나를 길러 준 양육자의 가치관에 따라 결정된다. 그리고 대개 여기에서 스스로 벗어나지 못하는 경우가 많기 때문에, 부모와 자녀의 관계에서 의식적인 노력 없이는 그 삶의 모습이 대물림된다.

나의 행복이 나의 가치관과 삶의 양식에서 온다고 할 때, 지금 내가 행복하지 않다면 우리는 (부모를 비난하라는 것이 아니라) 물려받은 그것들을 한번 점검해 볼 필요가 있다. 혹시 우리가 시대에 맞지 않는 옷을 입고 있다면 우리는 특별히 더 노력해야 할 수도 있다.

우리는 자주, 선이 아니고 정의가 아닌 것을 관습적으로 따르는 행동을 하며, 그것을 통해 스스로의 무의식 속에 수치심과 죄책감을 쌓아 놓는다. 우리의 이성이 그것을 부정하더라도 우리의 마음은 그것이 옳지 않다는 것을 알고 있다. 그리고 이 수치심과 죄책감은 열등감으로 변해서, 그에 대한 보상으로서 타인의 희생을 요구하게 된다. 떨어진 나의 자존감을 타인이 높여 줄 수 있다고 기대하기 때문이다. 하지만 스스로 놓아 버린 자존감은 스스로 주워야 한다. 다른 사람이 주워 준다고 해도, 이미 그것을 잡을 힘을 잃은 사람들은 이내 다시 그것을 놓아 버리기 때문이다.

 선의 기준은 시대적 배경의 영향을 받기도 한다. 우리가 흔히 접하는 세대 간의 갈등이 이를 여실히 보여 준다. 그러나 그때는 옳았지만 지금은 옳지 않은 것은 있을 수 없다. 그러한 '경향'이 있었다는 이유로 과거를 도덕적으로 격상시켜 줄 수는 없기 때문이다.
 시대가 도덕적 가치를 소홀히 한 적은 있으나, 도덕적 가치가 지금과 달랐던 적은 없다. 인류는 언제나 성장 중에 있기 때문이다. 하지만 그렇다고 해서 당시의 경향성을 이미 내면화한 사람들에게 그것은 옳지 않았다고 주장하는 것은 단지 폭력적일 뿐이다. 그들의 삶 전체를 부정하는 오류를 범하지 않기 위해서는 우리는 좀 더 친밀해지고 서로에게 너그러워질 필요가 있다.

 사람들은 종종 아무런 근거도 없는 주장을 자신의 신념으로 삼는 경우가 있다. 우리는 그들이 "인간의 본성은 악하다"고 말하는 것을 심심치 않게 볼 수 있다. 그렇다면 그들 역시 악의적인 것인지 모른다. 하루의 단 몇 시간, 어린아이들을 지켜본다고 해서 그 아이의 본성을 알 수 있다고 여기는 것은 지나친 교만이며, 현실을 왜곡하는 것이기 때문이다. 그들은 단지 이미 무언가에 분노한 것인지 모른다. 그들의 말대로 만약 인간의 본성이 악하다면, 우리는 누군가의 악한 행위를 보았을 때 보편적으로 편안함과 아름다움을 느껴야만 한다.

　무엇이 선인지 악인지 분명치 않다고 해도, 분명히 말할 수 있는 한 가지는 아무도 선이 아닌 것에 선을 부여할 수는 없다는 것이다. 하지만 종종 권위주의 사회에서는 권위자의 이익을 대변하는 것이 '선'으로 여겨지며, 선이 없는 상태가 악이라고 할 때, 이러한 사회에서 권위자의 이익을 옹호(또는 복종)해 주지 않는 모든 것은 악이 된다. 그러나 악은 스스로 존재하는 것이 아니라, 단지 정의롭지 못한 선(가짜 선)의 다른 이름일 뿐이다.

삶

인간과 삶

인간은 삶을 통해서만 이해될 수 있다. 인간을 규명하는 것은 그들이 하는 행동에 따르며, 그 행동 꾸러미가 바로 인간의 삶이다. 삶을 모르고 인간을 알 수 없으며, 인간을 모르고 삶이라는 것을 알 수 없다.

'삶'이라는 단어는 '살다'라는 동사의 명사형이다. 그러므로 '삶'은 '사는 것'을 뜻하는 단어이다. 그렇다면 '사는 것'은 무엇일까. 어떤 것이 무엇인지를 알기 위해서는 먼저, 그것으로 무엇을 할 수 있는지를 아는 것이 도움이 된다. 예컨대, 핸드폰이 무엇인지 알기 위해서는 핸드폰이 전화를 하는 데에 쓸 수 있다는 사실 하나만으로도 충분하다.

그렇다면 삶은 어디에 쓸 수 있을까. 우리가 삶을 통해 무엇을 할 수 있는지가 이 질문의 핵심이 될 수 있다. 하지만 삶을 통해 할 수 있는 것은 너무나 많아 보인다. 그렇다면 우리는 삶이 그 모든 것을 할 수 있는 것이라고 정의 내리거나, 또는 그 많은 것 중 최고인 것 하나를 내세우거나, 아니면 그 모든 것을 아우를 수 있는 것을 찾아야 할 것 같다.

그런데 어느 한편으로는 삶이 무엇이든 간에 별 상관이 없어 보이기도 하다. 왜냐하면 삶이 무엇이든 가에 우리는 이미 살고 있으며, 삶이 무엇인지 모른다고 해서 당장 삶이 멈춰지는 것은 아니기 때문이다. 이것은 그동안 우리가 삶에 대해 굳이 알고자 하지 않았던 이유이기도 하다.

하지만 우리는 삶이 무엇인지 모른 채 살고 있기 때문에 당연하게도 삶을 잘 사는 방법 또한 알지 못한다. 그러나 우리는 삶에 집착하거나 행복주의자가 되는 것은 피하는 것이 좋을 것 같다. 행복이든 삶이든, 모르는 것을 알기 위해서는 그것에서 심정적으로 벗어나볼 필요가 있기 때문이다.

사실, 삶을 잘 살기 위한 가장 좋은 방법은 삶을 시작하기에 앞서, 삶이란 무엇이며 어떻게 사는 것인지 먼저 알아보는 것이다. 실행에 앞서 사전 조사를 하는 것은 모든 일의 기본이기 때문이다. 그랬다면 우리는 적어도 삶의 곳곳에서 부딪히는 일들에 대해 헤쳐 나갈 각오라도 해 놓았을지 모른다. 하지만 안타깝게도 이렇게 사전 지식을 가지고, 완벽한 준비 아래 삶을 시작하는 사람은 없다.

그렇다고 우리를 낳아 주신 부모님이 우리에게 삶이 무엇이며, 어떻게 살아야 하는지를 가르쳐준 것도 아니다. 그들은 단지 우리를 살리기 위해서, 우리에게 세상의 자극에 대해 당신들이 했던 그대로의 반응을 유도했을 뿐이다.

어느 날 갑자기 세상에 던져진 우리에게는 삶을 준비할 여유가 없었다. 그렇기 때문에 우리는 되도록 빨리 깨어나, 나와 나의 주위를 둘러보고, 우리의 진심에 귀를 기울여야 한다. 왜냐하면 자신의 상태와 위치조차 파악이 되지 않으면 우리는 한 걸음도 뗄 수 없으며, 서로의 진심을 모르고서는 움직여야 할 방향을 도무지 감 잡을 수 없기 때문이다. 시간은 우리가 길을 찾도록 기다려 주지 않는다. 우리는 의도치 않게 인생의 레이싱에 참여할 수밖에 없었던 비운의 주인공들이다.

미처 하지 못한 삶의 준비는 되도록 빨리 시작하는 것이 좋다. 늦었다고 생각할 때가 가장 빠르다는 것은 인생 전체를 놓고 보아야 맞는 말이다. 우리가 삶을 위한 준비를 너무 늦게 시작한다면, 준비가 끝날 무렵에는 나와 나의 소중한 사람들의 삶 또한 이미 끝나 버릴 수 있다. 하지만 삶은 후회라는 녀석을 끼워 주기에는 너무 짧고 유연하지 못하다.

나의 삶을 후회하거나 소중한 사람들과의 관계를 후회하지 않으려면 우리는 어서 서둘러야 한다. 생을 마감하는 순간, 그리고 소중한 사람을 보내는 순간 우리는 대개 준비 없이 시작한 것들에 대해서 후회를 하기 때문이다.

삶의 목적

 우리의 삶은 우리가 선택한 것이 아니기 때문에 애초에 우리의 안에는 삶의 목적이라는 것이 내재해 있지 않다. 그것은 '있는' 것이 아니라, 오히려 '찾아야 하는 것'이다. 그렇기 때문에 성인이 되었다면 내 주변과의 관계와, 사회의 실제 모습을 직면하고, 사회가 임시로 씌워 준 나의 가짜 자아를 벗어 버리는 용기를 내야 한다.

 우리 사회는 갓 태어난 우리에게 사회에 잘 적응할 수 있도록 임시로 자아를 만들어 주었다. 그러나 그것은 길게 가지고 갈 것이 되지 못한다. 이것은 마치 게임을 시작할 때, 기본적으로 제공되는 후줄근하고 연약한 아이템과 같다.

 우리는 태초에 임시로 부여된 가짜 자아를 나에게 유용하고 유익한 진짜 자아로 바꾸어야 한다. 세상은 다양한 자아들이 서로 영향을 주고받는 장이며, 자신의 진짜 자아를 찾지 못하는 한, 우리는 나에게서 자신의 자아를 반복 재생하려는 타인들로부터 나를 지켜낼 수가 없다. 그렇게 되면 우리는 온전한 나의 삶을 살 수도, 나의 삶의 의미를 찾아낼 수도 없다.

삶은 정해진 목적이 있기보다는 오히려 자신에게 주어진 문제에 대한 답을 찾아가는 과정에 가깝다. 그리고 그렇게 하는 순간, 그 과정이 바로 나의 삶의 목적이며, 의미가 될 것이다.

하지만 우리가 가진 문제에 대한 답은 모두 다르다. 우리는 동일성을 가져야 하는 사물이 아닌 다양성을 가진 생물이며, 일률적인 방식으로 찍혀 나오는 상품이 아니라, 각자의 삶을 자기만의 언어로 창조해 내야 하는 예술인들이다.

사람들은 종종 삶에서 모든 것을 쉽게 얻으려고 하는 것처럼 보인다. 아마도 그 이유는 자신의 삶이 스스로에 의해 철저하게 의도되고 계획된 시작이 아니었기 때문일 것이다.

그렇기 때문에 우리는 힘듦을 충분히 각오하지 않았으며, 쏟아부어야 할 열정의 크기를 올바르게 측정하고 예상하지 못했다. 하지만 삶은 쉽지 않는 과정이며, 한순간 일어났다가 사라지는 해프닝이 아니다.

삶은 언제나 진실하지 않으면 해결할 수 없는 문제들로 가득하다. 상황과 상대가 원하는 모습이 나의 모습인 척해 주는 것만으로도 원하는 것을 얻을 수 있는 존재는 우리네 집에 있는 강아지들뿐이다.

그리고 해결되지 않은 문제는 늘 새로운 문제를 야기한다. 회피하는 것으로는 그 어떤 것도 해결되지 않으며, 해결하지 못한 문제를 안고 또 다른 삶에 뛰어드는 것은 짊어져야 할 짐을 배로 늘릴 뿐이다.

나의 삶에서 진정한 나를 찾지 못한 채, 함께인 우리의 삶을 시작한다면 아직 찾지도 못한 나를 잃어버리는 일이 발생할지 모른다. 그리고 안타깝게도 우리는 사라져 버린 나를 찾아 달라며 나도 모르게 나의 소중한 사람들을 괴롭히게 될 것이다.

내가 회피하는 나의 문제를 해결해 줄 사람은 세상에 없다. 왜냐하면 그들 역시 나처럼 자신의 문제를 안고 위태롭게 버티고 있는 사람일 뿐이기 때문이다. 그렇기 때문에 우리는 늘 공평하며, 각자 스스로 늘 진실하게 매 순간 자신의 삶을 살아야만 한다.

같이 삽시다

　인간에게는 서로의 삶에 기여하고자 하는 '상생의 본능'이 있다. 이것은 내가 다른 사람의 삶에 기여하고 싶은 마음과, 차마 나 혼자 행복할 수 없는 그 마음이다. 물론 방법은 잘못되었지만 우리가 시달리는 오지랖 중에는 이 상생의 본능으로 인한 것들이 많다.
　이 본능의 욕구가 충족되지 않을 때, 우리는 자신의 가치와 삶의 의미에 회의감을 느낀다. 그렇기 때문에 자신의 가치와 삶의 의미의 결핍을 느끼는 사람일수록 오지랖을 참기가 힘들다.

　삶에서는 충족될 수 없는 욕망을 좇다가 자신에 대한 수치심과 환멸을 느끼기보다는 내가 충분히 할 수 있는 일을 실천함으로써 나의 존재의 가치 그리고 나의 삶의 의미를 스스로 느끼는 것이 중요하다.
　그래서 우리에게 필요한 것은 삶에 대한 열정과 살아갈 용기이다. 인간이 삶에 대한 열정과 각오를 갖기 위해서는 삶의 아름다움과 경이로움을 경험하고, 살아 있음으로써 누릴 수 있는 것들의 가치를 만끽할 기회가 필요하다.

우리는 자신의 삶의 디자이너이다. 하지만 누구도 타인의 삶을 디자인할 수는 없다. 월권은 언제나 파괴를 몰고 온다. 과도한 염려와 집착은 서로를 파괴한다. 그것이 나의 자녀이거나 배우자라고 해도 그렇다.

영화에는 언제나 관객의 몫을 두어야 한다. 영화는 우리에게 그 어떤 것도 그저 무심히 보여 줄 뿐이다. 그리고 그것으로 말미암는 영향력은 보는 자의 몫이어야 한다. 관객이 그 장면에서 무엇을 느낄지 감독이 정할 수는 없다. 그것은 월권인 것 같기 때문이다. 그리고 그것을 통해 세상을 어떻게 보고 느낄지는 그것을 보는 자 스스로가 결정해야 할 일이다.

삶의 아름다움도 그렇다. 아름다움은 그것을 바라보는 자가 있기에 비로소 아름다운 것이기 때문이다. 그러나 삶의 아름다움을 찾으려면 그 전에 먼저 나 자신의 아름다움부터 인정해야 한다.

"세상이 아름다워 보이는 것은 네 마음이 아름답기 때문이고,
세상이 아름답지 않아 보이는 것은 아직 네가 네 마음의 아름다움
조차 찾지 못했기 때문이야"

참된 목표가 없으면 우리의 영혼은 그 열정을 그릇된 목표에 쏟는다. 행, 불행은 대체로 우리의 견해에 의해 좌우된다. 자신이 행복하다고 생각하면 행복하게 살 수 있다. 객관적인 행복의 기준은 없다.

- 볼테르 -

삶은 아름다운 것이다.

불편하지만,

그럼에도 불구하고 아름다운 것,

그것이 삶이다.

  삶의 의지가 없는 이들에게 우리가 해 줄 수 있는 것은 거의 없다. 우리가 해 줄 수 있는 것이 있다면 충고나 조언 따위가 아니라, 고작해야 그들이 스스로 삶에 대한 가치를 느끼고 용기를 가질 수 있도록 삶의 아름다운 장면들을 보여 주는 것, 그리고 그들의 삶에서 오는 메시지를 올바르게 해석해 주는 것뿐이다.

  가치 있는 삶에 대한 의지만 있다면 누구나, 무엇이든지, 지금보다 더 잘할 수 있기 때문이다. 한 생명의 삶은 스스로가 의지를 갖고 계획할 수 있을 때, 비로소 건강하고 완전해진다.

관계(relationship)

고독은 외롭지 않다

　한 개인의 정체성은 타자와의 관계 속에서 드러난다. 그런 면에서 끊임없이 타자와 관계 맺으며 살아가는 우리의 삶은 곧 우리 자신을 알아가는 과정이다. 내가 없는 세상은 나에게 아무런 의미가 없다. 내가 이름을 불러 주었을 때, 비로소 나에게로 와서 꽃이 되는 것처럼, 모든 것은 내가 의미를 불어 넣어 주어야만 나에게로 와서 의미가 된다.

　인간은 사회적 동물이므로 혼자 지낼 수 없다는 이 지겨운 공리를 굳이 가져오지 않아도, 우리는 삶의 곳곳에서 외로움에 몸부림치는 사람들을 쉽게 볼 수 있다. 하지만 외로워하는 사람들이 모두 고독한 사람인 것은 아니다.
　외로움은 괴로움이다. 마치 나르시시스트의 강물처럼, 나를 비추어 볼 '그'와 단절된 상태에서 오는 괴로움이다. 하지만 고독은 강물이 아닌, 나 자신을 들여다본다. 정확히 말하면 그것은 나의 마음이다. 고독은 나의 마음을 들여다보는 것이다. 그곳에는 괴로움은 없고 오히려 희미한 희망의 빛이 기다리고 있다.

고독한 사람은 외롭지 않다. 외로운 사람도 고독하지는 않다. 사실 우리를 비추어 줄 강물은 동시대에만 있는 것이 아니다. 우리의 친구와 스승들은 시공간을 초월한 도처에 있다. 지금 여기에 있어야 하는 것은 그들이 아닌 우리 자신뿐이다. 나의 외로움을 달래 줄, 그리고 나의 고독을 응원해 줄 친구는 차원을 가리지 않는다.

고독하다면 당장 서점에 가서 고전 코너를 둘러보는 것을 추천한다. 시대는 달라도 나와 같은 고민을 안고 살아간 사람들이 반드시 있으며, 그들은 오히려 동시대인들보다 더 나와 마음이 잘 통할지 모른다.

가십을 즐기는 사람들은 외로운 사람들이다. 그들에게는 이 세상 모든 것이 가십거리이다. 서로의 삶에 대한 존중감이 없는 그들에게는 세상 모든 이야기가 시시하다. 그들에게는 자유를 얻기 위해 투쟁한 진실하고 용감한 투사들의 삶조차도 그저 가십거리일 뿐이다.

이렇게 타인의 삶을 격하시키고 의미를 왜곡하며, 진지함을 조롱하는 태도를 가진 사람에게는 그 어떤 진실도 말해 줄 수가 없다. 그의 귀에 들어가는 진실은 모두 왜곡되고 호도되기 때문이다. 사람이 외로워지는 것은 스스로의 선택이다. 왜곡 머신이 되어 버린 사람에게 따뜻함과 편안함을 느끼고 진심을 보이며 다가와 줄 사람은 없기 때문이다.

고독한 둘이 만나서 함께하는 것은 가능하지만 외로운 둘이 만나서는 함께할 수 없을 것 같다. 외로운 사람들은 상대를 눈앞에 두고도 있는 그대로의 상대를 보지 않고, 그의 눈에 비친 자신의 모습에만 집중하기 때문이다.

그들은 상대에게 내가 원하는 모습의 나를 비추라 하고, 거짓으로 비춰진 나의 모습에 도취되어 마침내 존재하지도 않는 차원으로 날아가 버린다.

우리는 소유하기보다 그저 바라보아야 한다. 좋으면 그냥 바라보면 된다. 날씨가 좋아서 어쩔 줄 모르겠는 봄처럼, 우리는 상대가 좋아서 어쩔 줄 몰라 하다가 마침내 과거에 누군가 나에게 했던 그대로의 소유욕을 끄집어낸다. 하지만 외로움은 소유함으로써 해소되지 않는다.

외로움은 오히려 그저 바라봄으로써 충족될 수 있다. 그리고 그저 바라보기 위해서는 불편한 소유욕을 내려놓고 적정한 거리를 유지해야 한다. 거리 두기는 전염병의 시대에서만 필요한 것이 아니다. 우리는 이전에도 수없이 많은 마음의 전염병에 감염되면서도 외로움을 핑계로 서로 지나치게 가까이 지냈다.

외로운 '답정너'들

우리는 본래부터 다른 사람들이다. 그렇기 때문에 우리는 자주, 가까워지는 것에 한계를 경험한다. 나는 네가 될 수 없고, 너는 내가 될 수 없으며, 나에게 너의 삶을 요구해서도 안 되고 나 또한 너에게 나의 삶을 강요해서도 안 된다.

바다에 사는 동물과 육지에 사는 동물, 하늘을 나는 동물과 날지 못하는 동물 또 육식 동물과 초식 동물이 찾을 수 있는 타협점은 그리 많지 않다. 내가 그에게 동화되거나, 그가 나와 같아져야만 함께할 수 있는 곳에서는 차라리 각자 온전한 모습으로 자신의 삶을 사는 편이 좋다.

무리하게 섞이려 하면 할수록 파괴되는 나의 자아를 느끼는 것은 괴로움 그 자체이기 때문이다. 때로 우리는 괴롭기를 거부하기 위해 서로 거리를 두는 것이 필요하다.

우리는 나를 파괴해서는 안 된다. 하지만 그렇다고 해서 우리에게 타인의 존재 방식을 바꿀 재주가 있는 것도 아니다. 우리는 나의 삶의 방식이 아닌 것을 받아들여서도 안 되며, 타인에게 그의 삶의 방식이 아닌 것을 강요해서도 안 된다.

우리는 아무리 노력해도 교만과 무배려에 익숙해지지 않는다. 나를 있는 그대로 수용하지 못하는 몰인정과 무배려, 그리고 나의 삶의 방식을 뜯어 고치겠다고 덤벼드는 교만과 무례함은 늪과 같아서 익숙해지려 할수록 빨려 들어간다. 그것은 마치 블랙홀과 같아서 빨려 들어가면서도 알아채기 어렵고 빠져나오려 할수록 혼란스럽다.

상대의 모습을 있는 그대로 바라보지 않고, 나와 구별되는 존재로서 인정할 수 없으며, 늘 상대에게서 자신이 원하는 자신의 모습을 구현하고자 하는 이런 '답정너들'의 노력은 상대에게 자신의 짐을 지워 주는 것과 같다.

그들은 언제나 자신의 감정을 스스로 책임지지 못하고, 우리에게 내던져 버리며, 날아온 돌에 맞아 아파하는 우리에게 비난의 화살을 날린다. 돌에 맞으면 아픈 것이 당연함에도 그들은 오로지 자신의 감정에만 매몰되어 있다.

듣고 싶은 애정의 표현을 정해 두고, 언제나 무기력한 자신을 대신해 '어떻게 좀 해 보'라고 소리치는 그들은 이미 세상에서 가장 불행하고 연약한 자기 연민에 갇혀 버린 사람들이다. 그리고 그들에게는 함께 살아 보자는 사람들의 목소리가 전혀 들리지 않는다.

정답이 정해져 있는 질문은 이미 상대를 존중하지 않고 배려하지 않는다. 그리고 그것은 자신감 있고 권위 있기보다는 오히려 지극히 의존적이고 이기적이다. 그리고 그렇게 의존적이고 이기적인 질문은 상대가 대답하지 못하기를 바라는 마음을 동반하기 때문에 정답을 찾으려 하면 할수록 미궁에 빠진다.

그들은 어려운 사람이 아니라 그저 불편한 사람일 뿐이다. 어렵지 않은 이유는 어차피 답이 없기 때문이며, 불편한 이유는 없는 답을 내놓으라고 자꾸만 다그치기 때문이다.

그들이 그렇게 모순적이게도 답이 없는 질문을 하는 이유는 그렇게 상대가 무너져야 자신의 권위가 서는 것 같기 때문이다. 하지만 거기서 거기인 인간들은 남을 짓밟고 내가 바로 설 수 없다.

정답을 정해 두고 하는 질문이나 대답을 듣지 않을 작정으로 던지는 질문은 성실하지 않다. 그런 불성실한 질문이라면 과감하게 불성실한 대답으로 응하면 된다. '그냥' 또는 '그러게요'는 나의 성실성을 보호해 줄 수 있는 아주 좋은 전략이다. 적극적으로 긍정하지 않는 정직한 인정은 어쩌면 우리에게 가장 필요한 관계 맺음 전략인지 모른다.

우리는 때로, 나 자신을 알기 위해 나의 행동에 대한 상대의 객관적인 피드백이 필요하다. 하지만 그것이 객관적인 피드백인지 아니면 단지 그의 주관적인 감정 반응인지 구분하지 못하는 사람들은 그런 용감함을 가장한 무례함과 솔직함으로 변장한 비난을 사실로 여긴 나머지 쉽게 의기소침해지곤 한다.

하지만 우리가 반드시 알아야 하는 것은, 아무런 근거도 없고, 별다른 대안을 제시하지도 못하는 단순한 비난은 단지 말하는 이의 부정적인 정서를 반영하기만 할 뿐이라는 것이다.

'솔직히 말해서'나 '오해하지 말고 들어' 또는 '이렇게 말해도 될지 모르겠지만'이라고 말하는 사람은 이미 무례하다. 대인 관계에서는 '솔직하지' 않은 것이 매너일 때가 있으며, 알아도 모르는 척해 주는 것이 배려일 때도 있다. 또한 '오해할 만한' 말을 하는 것은 스스로 자신의 대인 관계를 꼬아 버리는 행동이며, 그 오해를 풀기 위해 무언가 더 해야 할 일을 스스로 만드는 결과를 부른다.

그리고 '이렇게 말해도 될지' 스스로 확신이 없다면 그 말은 이미 책임감이 없는 말이므로, 적어도 듣는 사람을 배려할 의사가 있다면 그 말은 넣어 두는 것이 바람직하다.

정확한 피드백은 자신과 자신의 감정을 분리할 수 있는 사람에게만 기대할 수 있다. 자신과 자신의 감정을 분리하는 것은 감정의 분열이 아니다. 자신의 감정이 곧 자신이라 여기며, 무엇에도 과민하게 반응하는 이들에게는 객관적 사실(피드백)을 기대할 수 없다.

또 지위와 권위를 가졌다는 것이 그가 충분히 세상을 바르게 바라볼 수 있는 사람이라는 것을 말해 주는 것도 아니다. 어떤 이들은 이미 그것에 눈이 가려져 불안과 두려움에 생명력을 빼앗긴 채 살아가고 있기 때문이다.

우리는 종종 이미 왜곡된 거울을 통해 자신을 바라보며 절망한다. 또 우리는 자주 지나친 하소연으로 나의 부정적인 감정과 지쳐 있는 에너지를 나의 소중한 사람들에게 퍼트리고 있다.

  소중한 사람들에게는 좋은 감정만 주는 것이 그들을 지키는 방법이며, 불편과 불만의 표현이라면 신뢰와 친밀감이 있는 관계에서는 거리를 두는 것만으로도 충분하다. 그리고 언제나 적당한 유머와 여유는 관계를 더욱 돈독하게 한다.

  만약 스스로 왜곡된 거울을 가려낼 능력이 없다면, 우리는 이미 그 능력이 인증된 거울에 나를 비춰 보려는 노력을 해야 한다. 그것은 차라리 친구에게 '하소연'하는 것이기보다는 전문 상담가에게 '도움을 요청'하는 것이다. 그들이라면 어느 정도 객관적으로 나를 비춰 줄 것이며, 나는 그것을 토대로 앞으로의 나의 삶을 설계하고 더 좋은 삶의 전략을 짤 수 있을 것이다.

안녕하세요

　모든 인간과 인간의 관계는 곧 삶 그 자체이다. 사실 인간과의 관계뿐 아니라, 인간이 아닌 존재와의 관계까지도 그렇다. 그리고 그 속에 있는 그 무엇이 우리를 기쁘게도 하고, 슬프게도 하며, 행복하게도, 불행하게도 한다. 그런데 우리는 이러한 관계들을 굳이 구분 지으려고 한다.
　부모와 자식의 관계, 부부 간의 관계, 형제 간의 관계, 연인과의 관계, 친구와의 관계 그리고 그다지 친밀하지 않은 이웃과의 관계까지도 이들 관계에서 필요한 것이 모두 다르다고 생각하는 사람이라면 그의 대인 관계는 언제까지나 혼란스러울 수밖에 없다.

　서로 존중하고, 이해하고, 배려하면 좋은 관계가 되지만, 서로 무시하고, 시기하고, 수시로 선을 넘나든다면 무례하고 언짢은 관계가 되는 이치는 어디에서나 마찬가지이기 때문이다. 세상에는 존중할 필요가 없는 사람이라든가, 배려받을 자격이 없는 사람은 없으며, 선을 넘어도 되는 사람 같은 것도 없다. 남에게 해서는 안 될 행위는 나 자신과 나의 소중한 사람들에게도 해서는 안 된다.
　인간은 모두 다양한 삶 그 자체로 존중받아야 하며, 그것의 시작은 '내가 당신이 거기 있음을 알고 있다'는 신호인 '인사'이다. 인사(人事)는 사람의 일, 곧 '사람 노릇'을 의미한다. 내가 사람이라는 표식, 그리고 당신도 사람임을 내가 인정한다는 표식의 인사는 상대와 나 자신을 함께 존중하는 가장 쉬운 방법이다.

하지만 그렇다고 나에게 인사하지 않는 사람에게 "나를 무시한다"고 분노할 필요는 없다. 세상에는 아직 살아 있음의 자부심을 갖지 못한 사람들도 존재하기 때문이다. 그런 경우라면 내가 먼저 인사를 해줌으로써 살아 있음을 경험하게 해 줄 수 있다. 존중받는 것의 자부심은 우리에게 살아 있음과 동시에 가치 있음을 느끼게 한다. 그런 의미에서 타인에서 먼저 인사를 건네는 우리는 타인에게 살아 있음을 느끼게 하는 사람들이다.

그러나 사람을 살게 하는 것은 언제나 우리의 행동이지, 말이나 설교는 아니다. 말은 행동을 대신해 주지 않는다. 또 행동은 말을 이끌어 낼 수 있는 반면, 말은 행동을 이끌어 내지 못한다. 그렇기 때문에 먼저 나타나야 하는 것은 언제나 말이 아닌 행동이다.

말과 행동이 다른 사람처럼 신뢰가 가지 않는 사람도 없으며, 우리는 신뢰 없는 사람이 되고 싶지 않기 때문에 내가 존중받고 싶은 마음 그대로, 먼저 인사를 건네면 된다.

인사에는 순서가 없다. 반드시 아랫사람이 윗사람에게 먼저 해야 하는 것은 아니다. 존중에는 차별과 구별이 없기 때문이다. 우리는 지나가는 어린아이와 강아지에게도 인사를 하곤 하며 심지어 비둘기에게 인사하기도 한다. 인사를 통해서 상대에게 존중받는 느낌을 선사하는 것, 이것이 바로 "타인에게 세상의 아름다움을 경험하게 해 주는" 첫 번째 방법이다. 앞서 말했듯이, 삶을 살아갈 용기를 잃은 이들에게 우리가 해 줄 수 있는 것은 이렇게 세상의 아름다움을 경험하게 해 주는 것뿐이다.

또 우리는 자신의 인사에 답례를 받지 못한다 해도 언제나 이성을 잃을 필요가 없다. 세상에 이 많은 사람들 중에는 감정을 나누는 방법을 모르는 사람도 있게 마련이기 때문이다. 그리고 누군가 나를 무시한다면 그것은 내가 무시 받을 만한 사람이라서가 아니라, 상대가 타인에게 존중감을 표현하는 방법을 아직 잘 모른다거나, 혹은 그가 타인에게까지 닿을 수 있는 마음의 여유를 가지고 있지 않기 때문일 확률이 많다. 그리고 그것은 내 탓이 아니다.

그렇기 때문에 가장 좋은 것은 가능하다면 내가 먼저 존중해 줌으로써 존중받는 것의 기쁨과 자신의 존재의 가치를 느끼게 해 주는 것이다. 우리가 만약 서로에게 그렇게 할 수 있는 여유만 있다면 아마도 그것이 바로 살아갈 용기가 아닐까.

"인간은 다 거기서 거기다"라는 말은 인간의 본성이 모두 같다는 말이지, 본질과 개성이 같다는 말은 아니다. 따라서 우리는 서로의 본능과 본성에는 공감하되, 각자의 본질과 개성은 서로 존중하고 인정해 주어야 한다. 서로 감정을 표현하는 방법은 다르지만, 나를 보고 웃어 주면 좋고, 나를 보고도 본체만체하면 기분 나빠지는 것은 모두가 마찬가지다.

어떤 이들은 상대에게 수치심과 모멸감을 유발하는 것이 자신의 권위를 높이는 것으로 여기지만 그것은 단지 매너 없는 행동일 뿐이며, 상대방의 마음에 돌이킬 수 없는 상처만 남길 뿐이다.

또 어떤 이들은 나이가 많거나 지위가 높은 사람들에게는 과하게 우대하면서도, 그 반대의 사람들은 존중할 필요도 없다고 여긴다. 하지만 그것은 옳은 생각이 아니다. 이것은 우리의 본성이 드러난 것이라기보다는 단지 잘못된 관습에 젖은 모습일 뿐이다.

그렇게 본성이 가려져, 몸에 맞지 않은 옷을 입은 사람이 많아진 사회는 서로에게 신뢰감을 주지 못하고, 서로를 신뢰하지 못하는 사람들은 삶에 대해 진심으로 다가가기를 두려워하게 된다. 그리고 이렇게 세상을 두려워하는 사람들은 나를 비롯한 모든 사람들에 대해 혐오감을 갖게 되며, 이 혐오감은 우리 사이를 가르고, 그로 인해 우리가 서로에게 정의로울 수 없게 만든다.

스스로 자신의 삶을 '사는' 사람은 나와 상대의 존재 자체를 존중하지만, 사회에 의해 '살아지는' 사람은 자신과 타인의 실재보다는 사회가 만들어놓은 '허상'만을 기꺼이 존중한다.

자유의 발견

우리는 모두 각자 나름의 재능을 가지고 있다. 하지만 모두가 그것과 잘 지내는 것은 아니다. 어떤 사람들은 그것을 일찍 발견해서 삶에 적절히 이용하며, 덕분에 사회에 기여도 하는 삶을 살아가지만 어떤 사람들은 그렇지 못하다. 그리고 그것을 알아채지 못하여 가슴속에 꺼지지도, 불타오르지도 못하는 희미한 불씨를 간직한 채 살아가는 사람들의 삶은 늘 권태롭다.

선과 자유 또한 그렇다. 그것은 꺼지지 않는 생명력이며, 그래서 발견되지 못하면 이내 우리를 파괴해 버린다. 인간 본성이 가진 재능인 선은 발견되어야 하며, 그 발견이 우리를 자유롭게 만들어 줄 것이다.

우리는 이미 그 자리에 있는 선을 알아채기만 하면 된다. 하지만 그것을 덮고 있는 얼룩이 이미 굳어져 버린 뒤에는 원래의 형체를 알아보기 힘들 수도 있다. 그렇기 때문에 우리는 늘 자신을 살펴야 하며, 매 순간 날아오는 오물들을 그대로 받아들이고 있어서는 안 된다. 무심코 던져진 돌이 개구리를 죽이는 것처럼, 무심코 튀어온 오물들은 켜켜이 쌓여 우리를 질식하게 만들기 때문이다.

우리의 재능을 개발할 수 있는 환경이 조성되지 못한 것이 온전히 우리의 탓이 아닌 것처럼, 우리의 선이 드러나지 못하는 것 또한 온전히 우리의 책임은 아니다. 하지만 그럼에도 그러한 사실이 우리가 우리의 선택에 대한 책임을 피할 수 있는 구실을 마련해 주지는 못한다.

선하다는 것은 선한 행동을 할 수 있음뿐 아니라 그것이 아닌 것을 가려낼 수 있음까지도 포함한다. 그리고 자유는 나의 마음이 선이 아니라고 말하는 것을 마땅히 거부할 수 있는 용기다. 그래서 자유로울 수 있는 것은 오직 양심뿐이다. 자유는 그것의 없음이 아니라, 오히려 그것이 하는 말을 들어 줄 수 있는 용기와 자신의 양심에 대한 확신이다.

양심은 자신을 드러내기 위해 늘 용기가 필요하다. 양심은 '아는 것'을 넘어서 '하는 것'이기 때문이다.
우리는 이 양심을 버릴 수 없다. 우리는 늘 양심을 무시해 버린 대가로 그에 대한 죄책감과 그 죄책감을 일으킨 자신에 대한 수치심에 시달리고 있다. 그리고 그 죄책감과 수치심은 마치 원죄처럼 우리의 모든 순간에 어두운 그림자를 드리우고 있다.
늘 우울한 사람은 자신의 양심을 무시하는 사람일지 모른다. 그리고 양심이 고장 난 곳의 수치심은 세대를 거쳐 끝까지 살아남는다. 우리는 자유롭기 위해서 양심을 다시 살려야 한다. 양심이 살아난 곳에만 선이 자리할 수 있기 때문이다. 그리고 살아 있는 양심을 품은 선이야말로 진정 자유로울 수 있다.

모든 사람들은 자신의 선에 따라 행동한다. 하지만 우리의 선이 각각 다르다면, 우리는 서로에게 선할 수 없다. 선을 오해하는 사람은 선할 수 없다. 오해된 선은 우리의 상식을 다르게 만들기 때문이다.

따라서 우리는 선하지 않은 것이 아니라, 단지 선을 오해하고 있는 것이다. 우리의 상식이 다른 것은 그 때문이다. 상식이 다른 사람들의 그것은 통하지 않는다. 나의 상식과 너의 상식이 다른 곳에서는 선조차 혼란스러우며, 그런 곳에서 우리는 자유롭기를 기대할 수가 없다.

눈에 보이는 것이 전부라 여기는 사람에게 선은 존재하지 않는 뜬구름이다. 그리고 그 뜬구름 안에서는 도무지 자유가 없는 것 같다. 자신의 양심의 소리를 외면하는 한 우리는 절대 자유로워질 수 없기 때문이다.

선한 사람과 의존적인 사람은 같은 사람이 아니다. 나의 이성이 책임져야 할 부분까지도 모두 타인에게 미루어 버리는 것은 전혀 선하지 않다. 자신이 어떤 사람이며, 어떻게 대해 주어야 하는지 알려 주지도 않은 채, 그의 대우가 마음에 들지 않는다고 불평만하는 것은 단지 유아스러울 뿐이며, 자신의 상황을 고려한 입장을 명확히 표현하지 못하는 것은 단지 어리숙할 뿐이다. 그래서 우유부단함은 악덕이다. 착한 사람은 우유부단하지 않다. 우유부단한 이유는 무엇보다도 자신의 이익을 앞세워 계산하는 중이기 때문이다.

모든 관계에서는 내가 할 수 있는 부분과 내가 할 수 없는 부분을 구별하고 스스로 해야 할 것과 협동이 필요한 부분을 잘 가려 내는 것이 중요하다. 그리고 내가 해 줄 수 있는 것은 도와주고, 내가 할 수 없는 것은 정중히 도움을 요청하면 된다. 그리고 나에게 도움을 주든, 주지 않든 그것은 요청 받은 그가 결정할 몫이며, 온전히 그가 되어, 그의 상황을 고려해 볼 수 없는 우리는 상대의 거절조차 존중해 주어야만 한다.

결혼이라는 강박

"사랑이 밥 먹여 주냐?"

사랑이 밥을 먹여 주든, 먹여 주지 않든, 사랑과 밥, 이 두 가지가 삶에 필수인 것은 전적으로 옳은 말이다. 밥이 없으면 신체가 제대로 기능하지 못하며, 사랑이 없이는 마음이 제 기능을 하지 못하기 때문이다.

인간이 심신이 모두 안정되고 자유로워야만 인간답게 살 수 있다고 할 때, 사랑과 밥은 무엇이 더 중요하다 말할 수 없다. 인간은 누구나 배가 고프면 기운이 없고, 몸이 아프면 괴롭다. 또 우리는 모두 인정받고, 사랑받고 싶으며, 이 욕구가 충족되지 않으면 안정된 상태로 타인과 관계 맺으며 살아가는 것에 문제가 생긴다.

사랑이 밥 먹여 주지 않는다고 말하는 사람들은 정신적인 활동과 마음의 건강 상태를 지나치게 과소평가한다. 눈에 보이는 육체의 기능에 지나치게 매몰되어서 우리를 감싸고 있는 그것들을 보지 못한다. 마치 철학을 전공하면 사회에서 어떠한 역할도 할 수 없게 되는 것처럼 말하던 사람들과 같다.

눈에 보이지 않는 것이라고 해서 존재하지 않는 것은 아니다. 아니 어쩌면 눈에 보이지 않는 것이 더 중요할 수 있으며, 오히려 그것은 눈에 보이는 것들을 움직이는 원동력일 수 있다.

인간의 정신과 마음에 대한 사회적 관심이 없던 시절에는 밥을 먹여 주는 것은 오직 물질과 건강한 육체뿐이었다. 그 시절은 인간의 삶 또한 질보다는 양이 시급한 과제였기 때문이다.

하지만 시대는 흘러갔고, 그곳에는 새로운 변화들이 찾아왔다. 물질을 존재하게 만드는 것은 정신이다. 밥을 먹여 주는 것은 사랑이다. 우리의 부모님들은 우리를 사랑해서 밥을 먹여 주신 것이다. 사랑은 밥을 먹여 준다. 사랑한다는 것은 기꺼이 책임지는 일이기 때문이다.

결혼 생활의 만족도는 부부 사이에 존재하는 연대 의식과 갈등에 대한 대처 능력에 크게 좌우된다고 한다. 그러나 사실 이것은 부부뿐만이 아니라, 모든 관계에서도 마찬가지다. 서로에게 무관심하거나, 지나치게 의존하거나, 또는 자신이 늘 혼자가 아니며, 자신이 어렵고 위험할 때 도움을 줄 사람이 곁에 있다는 연대 의식이 없다면, 함께 있어도 외로움을 느끼며, 위협받지 않아도 불안감을 안고 살아가게 될 것이다.

또 스트레스에 대한 대처 능력은 모든 관계에 있어 아주 중요하다. 삶의 과정에는 언제나 어떤 일이든지 일어날 수 있고, 무엇이든 가능하기 때문에 그에 맞서 주체적으로 그것들을 적절하게 수용하거나 거부할 능력이 없다면 매일매일이 살얼음판을 걷는 것과 같을 것이다.

인간은 자기 자신의 명확한 경계가 설정되어야만 그 경계에 의지하여 다른 사람들과 소통할 수 있다. 소통을 거부할 수밖에 없는 사람들은 아직 자신과 세상의 경계를 짓지 못한 것일 수 있다.

세상과 나의 경계를 알기 위해서는 우선 나와 타인이 동일자가 아니라는 사실을 받아들이고, 어디까지가 나이며, 어디서부터 타인인지 아는 것이 중요하다. 소통하기 위해서는 서로를 존중하는 것이 필요하며, 존중한다는 것에는 그가 나와 다른 개체임을 인정한다는 것이 전제가 된다.

타인과 소통하지 못하는 사람의 세상은 언제나 장님 앞의 코끼리와 같다. 코끼리의 다리를 만진 사람은 코끼리가 기둥과 같다고 믿을 것이고, 코끼리의 코를 만진 사람은 코끼리는 호스와 같다고 믿을 것이다. 이들은 서로의 경험과 지식을 연합하고 융합시킬 생각을 해내지 못한다. 왜냐하면 아직 스스로의 경계를 갖지 못한 그들은 다른 사람의 것을 수용하는 순간 나의 것을 폐기해야 한다고 믿기 때문이다.

코끼리에게는 다리도 있고 코도 있다는 사실을 알기 위해서는 나의 경험과 지식을 중심에 두고 그것을 열어 보이며, 다른 사람의 것도 수용할 수 있어야 한다. 하나를 잡으면 잡았던 하나를 놓아야 하는 것은 공유가 아닌 소유의 이야기다.

지식과 경험을 소유의 영역에 가둬 버린 사람은 성장하지 못한다. 각자가 만진 코끼리의 정보를 각자가 소유하기만 한다면 우리 모두는 평생 진짜 코끼리를 알 수 없다. 하지만 우리가 각자의 정보를 공유하고 협력

한다면 우리는 모두 함께 진실에 다가설 수 있다.

결혼은 나를 나누는 것이다. 두 사람이 한 배에 타는 것이니 서로 목숨을 나누는 사이가 되는 것이다. 하지만 목숨을 나눈다는 것을 단지 상대에게 나의 목숨을 의존하는 것으로 오해하면 위험하다. 왜냐하면 자신 하나 잘 서게 하는 것조차 버거운 것은 나뿐만 아니라, 우리 모두 마찬가지이기 때문이다. 내가 의존하려는 만큼, 상대도 나에게 의존하려 할 것이다.

우리는 배우자의 안위(安危)에 대해 책임을 다하기 위해 먼저 자신의 안위에 대한 책임을 스스로 감당할 수 있어야 한다. 비행기가 추락할 때 옆에 앉은 아이에게 산소통을 먼저 씌워 주는 것은 위험하다고 한다. 아이에게 산소통을 씌우다가 보호자가 먼저 산소 부족으로 정신을 잃을 수 있기 때문이다. 보호자가 먼저 정신을 잃어버리면 아이는 어떻게 될까. 그것은 결과적으로 아이에 대한 책임감 있는 선택이 아닐 수 있다.

또 결혼은 단지 부모님을 대신해 나를 보살펴 줄 사람을 찾는 것이 아니다. 이제 우리는 서로의 보호자이며, 서로에게 책임을 약속하는 것이다. 그리고 누군가를 보호하고자 하는 마음 안에는 먼저 온전히 선 내가 있어야 한다. 스스로 걷지 못하는 사람은 누군가를 걷게 도울 수 없다. 이미 자신의 고통 속에 갇혀 버린 이들은 힘들어하는 타자가 눈에 들어오지 않는다.

결혼은 의존할 대상을 찾는 것이 아니며, 자아도취에 빠지기 위한 동정의 대상을 찾는 것도 아니다. 그것은 오히려 각자의 삶의 주인인 사람들이 아주 가까운 곳에서 각자의 삶을 살아가는 서로에게 무한한 지지와 응원을 보내 줄 인생의 지원군을 찾는 것이다.

우리는 눈에 보이지 않는 것을 느낄 수 있는 감(感)을 되찾아야 한다. 우리가 태초에 가지고 있던 감은 살아온 날만큼의 온갖 오물들로 뒤덮여 있다. 그래서 우리는 그것을 닦아 내지 않고서는 본래 우리의 선한 마음을 찾을 길이 없다. 그리고 우리는 가려진 감을 되찾기 위해 더 이상 보는 것을 그만두고 느끼는 것에 좀 더 집중해야 한다.

애인이 먹지도 못하는 꽃 따위를 사왔다며 분노하기보다는 나를 기쁘게 해 주고 싶었을 그의 마음을 느껴 보고, 당당하게 자기주장을 하지 못하는 그의 모습을 답답하다 비난하기보다는 나의 의견을 더 존중해 주는 그의 배려심을 느껴 보는 것이다.

서로에 대한 존중과 배려는 곧 책임감으로 이어진다. 애초에 존중하는 마음이 없다면 책임감은 끝내 등장하지 않는다. 그리고 이러한 눈에 보이지 않는 것들의 존재는 곧 눈에 보이는 밥을 벌어 올 힘을 준다. 밥을 벌어 올 힘조차 되지 못하는 사랑은 사랑을 가장한 쾌락과 집착, 의존과 같은 녀석들이니, 사랑에 대한 오해가 어서 풀리길 기대한다.

결혼을 하든, 하지 않든 우리는 강박에 시달리고 있다. 때가 되면 결혼을 해야 한다는 강박, 또는 세상이 정한 틀에 맞추어 살지 않겠다는 강박, 그렇지 않으면 그 중간 어딘가에서 머물러야 한다는 강박. 하지만 진정한 나의 삶은 그 모든 강박을 내려놓을 때 시작된다. 어떻게든 되겠지 하는 가뿐한 마음과 무엇이든 헤쳐 나갈 자신감만 있다면 운명을 씹어 먹을 준비는 된 것이니 말이다.

"운명아, 어디 와봐라. 나는 너에게 지지 않는다."
– 니체 –

정해진 것은 운명이 아니라, 각각의 선택에 따르는 이치와 매 순간 나의 선택을 좌우하는 나의 습관이다. 그리고 우리는 아무리 발버둥 쳐도 각자의 선택에 대한 책임을 회피할 수 없다. 어차피 내가 책임져야 한다면, 선택도 내가 하는 것이 옳다.

배려는 이성(理性)이다

인간이라는 동물은 사회적이다. 사회적이라는 것은 정치적이라는 것을 포함한다. 관계는 정치다. 정치는 나를 다스리고 나아가 나와 연결된 관계를 원활하게 하여 모두가 잘 살게 만드는 데에 그 목적이 있다. 남을 짓밟고 나 혼자 잘 살기 위한 것은 정치가 아니라 고립이다.

정치적 활동은 인간의 관계를 위함이다. 인간관계는 상호 작용을 그 원리로 한다. 인간은 대개 아무런 이유 없이, 독자적으로 행위 하지 않는다. 행위는 대부분 자극에 대한 반응이며, 우리는 그 반응을 관습에 따라 반복할 것인지, 아니면 나의 판단에 따라 새롭게 창조해 낼 것인지를 스스로 결정할 수 있다. 그리고 그 결정이 어떠하든 그에 따른 결과에 대한 책임은 우리를 성장시킨다.

인간은 무엇으로도 규정되어 있지 않다. "그렇구나" 싶으면, 이내 "아니구나" 한다. 늘 변화하고 살아 있는 인간은 그 무엇으로도 규정할 수 없다. 친절한 사람은 친절한 사람에게만 친절하다. 자신은 타인을 적대감으로 대하면서 상대만은 나에게 친절하기를 바라는 것은 유아적이다. 누가 먼저인지는 논의의 대상이 아니다. 누군가 해야 한다면 할 수 있는 사람이 먼저 하는 것이 정의롭다.

　배려의 핵심은 독립이다. 내가 홀로 설 수 있을 때, 비로소 주위 사람들도 세워 줄 수 있다. 내가 이루고자 하는 만큼, 타인도 이룰 수 있도록 돕는 것은 정의롭기까지 하다. 타인을 위해 나를 '모두' 내어 주는 것이 희생이라면, 배려는 타인을 위해 나를 '잠시만' 빌려주는 것이다.
　나의 권리를 포기하는 희생과는 달리, 배려는 우리의 권리를 함께 위하며, 상황에 따라서는 나의 권리를 상대에게 양보하는 것이기도 하다. 그렇기 때문에 타인에 대한 배려는 자기 자신에 대한 배려를 토대로 해야 한다. 빌려주었던 나를 되찾을 능력이 없다면, 아직 남을 배려할 수 있는 마음이 아닌 것이다.

　배려가 없는 관계는 관계가 가진 순기능을 할 수 없고, 서로를 살리는 관계이기보다는, 서로를 파괴(착취)하는 관계가 되기 쉽다. 타인과 나를 적절하게 배려하기 위해서 우리는 늘 중심을 잃지 않아야 한다. 단지 혐오가 아니면 동정인 것은 지나친 극단이며, 그것은 배려라기보다는 폭력에 가깝다.
　우리는 단지 서로에 대한 폭력과 무관심 사이에서 균형을 잡는 것이 최선일지 모른다. 중심을 잃지 않기 위해서는 상대의 위치와 힘에 따라, 때로는 좀 더 힘을 내고 때로는 힘을 빼야 한다. 밀고 당기기가 필요한 것은 오직 배려라는 외줄 위에서이다.

때때로 우리는 이 '배려'의 문제를 '눈치 보기'와 헷갈린다. "굳이 말로 하기 않아도 알아야" 하는 것이 도대체 무엇일까. 타인의 눈치를 보며, 비위를 맞추는 것을 배려라고 믿는 이들이 있다. 그러나 배려는 '불안'과 두려움과는 친분이 없다. 배려는 '자신감'을 등에 업고 타인에 대한 '존중'을 기반으로 하여 당당하게 앞으로 나간다. 그러니 자신을 배려하지 않는 사람은 이 '자신감'부터 얻어야 할지 모른다.

어느 날, 여우는 자신의 저녁 식사에 학을 초대했다. 여우는 자신이 아끼는 예쁜 접시에 맛있는 수프를 담아서 학에게 대접했다. 하지만 부리가 긴 학은 접시에 있는 음식을 먹을 수가 없었다. 여우는 그런 학을 보며 기껏 내놓은 귀한 음식을 왜 먹지 않느냐며 언짢아했다. 학은 이 모든 문제가 모두 자신의 긴 부리 탓인 것만 같아 죄책감이 들었고, 곧 자신의 부리가 수치스러워졌다. 학은 점점 긴 부리를 달고 있는 자신의 모습이 혐오스러워졌고 심지어 긴 부리를 잘라 버리고 싶어졌다.

착한 아이가 되고자 하는 사람들이 언제나 마음이 아픈 이유는 그들이 항상 스스로에게조차 배려받지 못하고 있다는 데에 있다. 배려는 그 대상의 안위에 대해 적극적이고 진심 어린 관심을 보일 때 발생하는 긍정적 효과이다. 그리고 그 대상은 우선, 나 자신이어야 한다.

이것은 나만 아는 이기심이 아니라, 자신을 초월하기 위한 자기 돌봄이다. 그렇기 때문에 스스로에게 배려받지 못해, 자신의 안위에 대해 극도의 불안을 느끼는 사람은 타인의 상태를 살필 마음의 여유가 없다. 배려는 나의 마음에 대한 확신을 기반으로, 타인의 마음을 헤아리는 능력이다.

'착한 아이 증후군'을 가진 사람들은 착한 아이가 되기 위해 자주 주변인들을 속인다. 그들은 마치 타인을 배려하는 것처럼 행동하며, 타인들의 인간 본연의 측은지심을 자극해 내가 원하는 나의 이미지를 만들고자 한다.

그리고 그들은 그 과정에서 불편해하는 사람들을 볼 때면 "역시 착하게 살면 손해 보는 세상"이라고 자신을 합리화한다. 그러나 안타깝게도 그들은 상황을 그렇게 이끈 자신의 의존성만은 절대 의심하지 않는다. 이성적이지 못한 측은지심은 가난한 동정에 지나지 않는다.

교만과 무배려

누군가가 이유 없이 싫다면, 그 누군가는 나와 상당히 닮은 사람일 확률이 많다. 외적인 닮음이 아니라, 성격적인 특성과 행동 양식이다. 그리고 이는 대개 내가 부정하고 싶은 나의 모습이다. 스스로 나의 모습을 직면하는 것은 대개 거부감을 일으킨다. 그리고 그것이 단점이라면 더 그렇다.

그렇기 때문에 그 직면을 유도하는 상대에 대해서 저항감이 생기는 것은 당연하다. 하지만 우리는 성장하기 위해서 나를 직면해야 할 필요가 있다. 나의 성장과 발전을 위해서 이 모든 것을 직면할 용기를 내는 것은 나뿐만 아니라, 이유 없이 미움받던 이들까지도 구원할 수 있다.

많은 사람들이 자신의 감정을 존중하지 않은 채, 주위 사람들의 의견을 나의 '좋음'보다 앞세우곤 한다. 하지만 그것은 결국 나를 상처받게 내버려 두는 것에 지나지 않으며, 또한 그것은 착한 것이 아니라, 오히려 스스로에 대한 무배려일 뿐이다. 그리고 그렇게 생긴 상처들은 켜켜이 쌓여서 내가 앞으로 나아가지 못하게 나의 발목을 잡는다.

발목을 잡힌 나는 자유롭지 못해서 차마 다른 사람을 자유롭도록 놔줄 수가 없다. 자유롭지 못해 답답한 나는 언제나 분노한다. 그리고 이 분노는 늘 폭발을 앞두고 있으며, 이 위험은 결국 우리의 소중한 사람들까지도 상처받게 내버려 둔다.

엄마는 나에게 항상 말했다. "너나 좀 잘 지내라"고

  결혼 상대에 대해 생각해 보기 위해서는 먼저 나에 대한 생각이 정리가 되어야 한다. 가족은 사회의 기본 단위이기는 하지만, 삶의 기본 단위는 아니다. 삶의 기본 단위는 개별적 인간이다. 따라서 우리는 먼저 인간으로서의 나를 정의하고, 나의 삶을 정의하고, 그러고 난 후 사회적 동물인 인간에게 필수적인 '관계'라는 것에 대해 생각해 보는 것이 좋다.
  대부분 사람들은 의식적이기보다는 관습적이며, 단지 결핍에 따라 관계에 끌려다니곤 한다. 하지만 그 결핍은 타인으로는 결코 충족되지 않으며, 그렇게 모든 관계를 항상 나의 결핍을 위한 것으로만 이용하는 사람은 그 누구와도 진정한 관계를 맺기가 어렵다. 그리고 중요한 사실은 우리 중 누구도 다른 사람의 결핍을 충족시켜 줄 만큼 완벽하거나 여유롭지 않다는 것이다.

  타인의 삶을 수용하기 위해서는 먼저 나의 삶을 온전히 수용할 수 있어야 하며, 타인의 감정을 인정하기 위해서는 먼저 나의 감정을 부정하지 말아야 한다. 유한한 우리의 삶에서 서로의 의식의 성장을 방해하는 관계는 해악적이며 그렇기 때문에 절교와 손절, 거리 두기는 늘 적절히 사용되어야 한다.

우리에게는 서로에게 조건 없는 지지와 공감을 줄 수 있는 관계가 필요하다. 그리고 차마 그럴 수 없다면 그쯤에서 과감히 멈추는 용기도 내야 한다. 불필요한 일에 나의 소중한 시간과 에너지를 들이는 것은 스스로에 대한 배려가 아니기 때문이다.

한 해 한 해 갈수록 우리의 에너지는 고갈되고 사랑하는 사람들과 함께 행복할 시간도 부족하다. 그래서 우리는 나에게 편치 않은 관계를 애써 끌고 가기 위한 소모적인 습관은 들이지 않는 것이 좋다.

무배려는 관계를 어렵게 만든다. 그리고 대개 무배려는 교만에서 나온다. 교만은 비만과 같다. 비만에 약이 없듯이, 교만에도 약이 없다. 스스로 비워 내는 것 말고는 묘책이 없는 비만처럼, 교만 또한 스스로 알아채고 내려놓는 것 말고는 방법이 없다. 또 한 번 비만해진 세포는 다시 비만해지기 쉬운 것처럼, 한 번 교만해진 이들은 작은 자극에도 쉽게 자리를 박차고 넘어간다. 우리가 만약 교만하다면 그것은 내 안의 어떤 열등감이 보내는 신호가 아닌지 한 번쯤 생각해 볼 일이다.

누군가가 나를 성장시켜 주겠다고 하는 것이 교만이듯, 나 또한 누군가를 성장시키거나 바꿀 수 없다. 내가 가고 있는 이 길이 옳은 방향인지를 알고 싶다면 주변에 묻지 말고 내 삶과 나의 마음을 관조해 보는 것이 좋다. 누구도 다른 사람의 삶을 대신 생각해 줄 만큼 삶에 대해 여유롭지 않기 때문이다. 우리 모두는 각자 살길을 찾느라 바쁘고 지쳐 있다.

When
언제 결혼을 할 것인가

불안한 사람들

　우리가 항상 경계해야 할 것들 중 하나는 진상 고객이 되는 것이다. 진상 고객이 되는 것은 정말 쉽다. 그것은 내가 나의 마음을 놓쳐 버린 그 짧은 한순간에 일어나는 일이다. 우리가 진상 고객이 되고 마는 이유는 이 한순간의 놓침을 나 스스로 인정할 수 없기 때문이다.
　하지만 우리가 이 놓침을 인정하고, 그것으로 인해 불편해 졌을 상대에게 미안함까지 표현한다면 우리는 진상 고객이 될 위기에서 빠져 나올 수 있다. 하지만 늘 불안한 우리들은 내가 누군가를 불편하게 할 수도 있는 불완전한 사람이라는 것을 인정하는 것이 너무 힘들다. 그래서 진상 고객이 되지 않는 것은 정말 어려운 일이다.

　우리가 늘 불안한 이유 중 하나는 책임을 회피하려 하기 때문이다. 우리는 종종 할 수 있는 것을 하지 않을 때 불안하며, 할 수 없는 일을 할 때, 즉 이미 하고 있는 일을 할 수 없다고 여길 때 불안하다. 그리고 비록 그것에 대한 나의 생각이 불가(不可)할지라도 우리는 자신의 양심을 속일 수는 없다. 할 수 있는데 하지 않는 것도, 할 수 없는데 하겠다고 덤벼드는 것도 괴로운 일이기는 마찬가지다.

우리는 때때로 습관적인 대인 관계 방식과 순간적인 자신의 불안감 때문에 정의롭기가 힘들다. 자신의 감정에 매몰된 상태로는 상황의 다양한 측면을 고려하지 못한다. 그 감정이 부정의 감정이든 긍정의 감정이든 우리를 빠지게 하는 것은 모두 독이다. 우리의 모든 부정의한 행위들은 그 불안에 맞서 싸우는 가여운 방어술이며, 물에 빠진 사람이 지푸라기라도 잡는 심정은 너무나 절박하고 위태롭다.

우리가 늘 불안한 이유 또 한 가지는 눈에 보이지 않는 것을 믿지 못하기 때문이다. 눈에 보이지 않는 것을 사유하지 못하는 사람들은 항상 불안하다. 명백히 존재하는 것을 공백으로 남겨둠으로써 그의 삶에서는 배제된 것이 지나치게 많기 때문이다.

실제로 인간이 의지하여 살아가는 것들은 눈에 보이지 않는다. 사랑, 정의, 존중, 우정, 의리, 배려, 공감, 신념, 연민 등은 외모부터 성격까지, 취향부터 재능까지 모두 제각각인 인간들이 조화를 이루며 살아갈 수 있게 해 주는 삶의 필수 염료들이다.

하지만 사람들은 이 눈에 보이지 않는 것을 믿지 못하여 자신의 삶을 스스로 복잡하게 만드는 경향이 있다. 눈에 보이지 않는 것을 믿지 못하는 사람은 그것 앞에서 늘 혼란스럽기 때문이다.

　살면서 중요한 것들은 눈에 보이지 않으며, 이에 대해 생각하는 능력이 없다면 눈앞의 상황과 관계에 대해 제대로 파악할 수가 없다. 내가 사랑을 느낄 수 없다면, 제 아무리 많은 사람이 나를 사랑해 준다 해도, 나는 늘 애정 결핍에 시달리며, 다른 사람들에게 애정을 얻기 위해 스스로 나를 어딘가에 매달아 버릴 것이다.

타이밍은 기다리는 곳에 있다

　사람들은 언제 결혼을 하는 것일까. 시대와 환경에 따라서 그 시기가 각기 다른 것은 결코 이상한 것이 아니다. 아니, 오히려 시대와 환경이 변했음에도, 과거의 관습을 무비판적으로 따르고 그것을 지속한다면 그것이 문제이다.
　하지만 성장과 발전에 대한 지향성, 늘 더 나아지고자 하는 인간들이 모여 사는 사회는 결과적으로는 퇴보하지 않는다. 그렇기 때문에 늘 과거의 것들이 옳았다고 여기는 것은 신경증적이며, 과거로의 회귀를 꿈꾸는 향수는 익숙한 것을 놓지 않으려는 불안의 몸부림일 뿐이다. 그리고 세상은 늘 지금의 내가 아는 것이 전부는 아니기에 새로운 것은 받아들여 볼 가치가 있다.

　이 세상 누구도 결혼을 언제 하는 것이 적절하다고 말할 수는 없다. 답이 하나일 수 없는 문제에 대해서 우리는 단지 서로의 의견을 나눌 수 있을 뿐이며, 서로의 다른 생각과 삶의 방식을 존중해 줄 수 있을 뿐이다. 하지만 분명한 것은 언제 결혼을 해야 할지는 그 사람의 현재 상태와 성장 욕구에 따라 달라져야 한다는 것이다.

우리는 결혼에 대한 보편적 적기를 말할 수는 없어도 그 반대의 경우는 가능할지 모른다. 우리는 모든 것에는 때가 있다는 것을 알고 있다. 때문에 우리에게는 그때를 기다리는 인내의 미덕이 필요하며, 순식간에 다가올 그때를 잡기 위해 언제나 가능성을 열어둔 채, 그것을 맞이할 준비를 할 필요가 있다. 지나치게 조급해 하거나 반대로 너무 나태하다면 함께하기 위한 준비를 미처 다 하지 못해 새로운 길목에 들어서는 발걸음이 무거워질지도 모르니 말이다.

사람들은 지나치게 타이밍을 말한다. 하지만 내가 놓친 타이밍이 정말 나의 타이밍이었는지는 알 수 없다. 나를 지나친 것에 대한 아쉬움은 혼자만의 낭만인지도 모른다.

지나가는 우연이 우연으로 끝날지, 아니면 필연이 될지는 좀처럼 예측하기 힘들다. 그래서 우리는 때로 우연을 우연으로 흘러가도록 지켜보는 여유가 필요하다.

Who
누구(어떤 사람)와 결혼해야 할까

누구를 사랑할까

우리는 흔히 사랑의 문제를 대상의 문제와 혼동한다. 그래서 우리는 사랑할 만한 사람을 만나기만 하면 사랑하는 법은 저절로 터득하게 될 것이라 믿어 의심치 않는다. 하지만 사랑의 문제는 대상이 아닌, 우리의 능력의 문제이며, 사랑의 능력은 그것을 주는 능력이다.

세상에는 사랑을 받을 만하거나 받을 만하지 못한 사람이란 없으며, 단지 사랑을 줄 수 있는 사람과 줄 수 없는 사람이 있을 뿐이다. 사랑을 줄 수 있는 사람과 없는 사람의 차이는 스스로에 대한 인식과 세상에 대한 객관적 지각의 차이에 있다. 사랑은 단순한 감정이 아니라, 우리의 행동 습관이기 때문이다. 하지만 습관은 누군가 입혀 주어야 하는 것이 아니라, 스스로 입어야 하는 것이다.

어떤 이는 자신의 충만한 사랑을 올바르게 자각하고, 그 넘치는 사랑을 타인에게 나누어 준다. 그는 그 사랑을 실천하며, 사랑을 주고받는 가운데에서 행복을 느낀다.

하지만 어떤 이는 사랑은 받는 것이라고 믿으며, 여전히 희생적인 어머니의 세계 안에서 그녀의 돌봄을 갈망한다. 그는 시간의 흐름을 자각하지 못하며, 그에 따라 그 사랑의 주체도 변해야 함을 알아채지 못한다.

배우자에게조차 어머니의 사랑을 기대하지 않기 위해서 우리는 건강한 사랑이라는 습관이 몸에 잘 배어 있어야 한다. 그렇지 않으면 끝이 없는 사랑의 목마름에 타들어 갈지도 모른다.

사랑은 일방적인 과정이 아니다. 언제나 응답 없는 사랑은 사람을 지치고 외롭게 만들며, 한쪽이 주는 사랑을 중단하면 멈추게 되는 그런 관계는 단지 짝사랑일 뿐이다. 필연적으로 자식을 짝사랑할 수밖에 없는 부모는 그들(부부)만이라도 완전한 사랑을 해야 한다. 그래야 고단한 가운데서도 삶의 기쁨을 느낄 수 있기 때문이다.

자신이 사랑을 줄 수 있다는 것을 믿지 못하는 사람은 끝없이 사랑받기를 갈구하며 그 애달픈 마음은 정처 없이 세상을 떠돌아다닌다. 자신의 사랑 능력을 알기 위해서는 자신 안에 사랑이 있음을 발견해야 하고, 자기 안의 사랑을 발견하기 위해서는 사랑을 꺼내 보는 경험이 필요하다.

세상에는 사랑을 받을 사람이 아닌, 사랑을 줄 사람이 필요하다. 하지만 대개 우리는 사랑을 주기보다는 받기 위해 연애도 하고 결혼도 한다. 그러나 사랑은 받는 것이 아니라 주는 것이라는 말에 뒷통수를 얻어맞은 느낌을 느껴 본 후가 아니라면 우리는 아직 그 사랑이 버거울지 모른다.

사랑에 대한 우리의 오해는 어릴 적 읽었던 동화책에서부터 시작된다. 동화 속의 왕자와 공주는 일단 만나기만 하면 사랑할 수 있고, 행복하게 살게 되기 때문이다. 이것은 사랑의 대상에 대한 환상을 심어 주기에 충분하며, 그렇기에 우리는 사랑할 만한 대상이 언젠가 짠하고 나타날 것이라 믿게 되었다.

사랑은 완전함을 만끽하는 쾌락이 아니다. 하지만 삶이 힘든 것임을 수용하지 못하는 사람들은 고된 현실의 도피처로써의 쾌락을 만끽하고자 한다. 왜냐하면 그들은 자신의 불완전함에 분노하고 있으며, 그 분노는 늘 어떤 보상을 기대하기 때문이다.

우리는 사랑을 줄 수 없는 사람에게서 사랑을 기대하지 말아야 한다. 그들에게는 사랑을 받기 이전에 사랑을 주어, 사랑 받음의 경험을 주는 것이 먼저이다. 하지만 나도 사랑을 줄 수 없는 사람이라면 이제 그만 그 사실을 직면하고, 무언가 변화를 주어야 한다.

아직 사랑을 줄 수 없는, 사랑에 무력한 사람들은 흔히 자신이 사랑을 주지 못하는 이유를 상대에게서 찾는다. 하지만 "상대가 사랑받을 만하지 못해서"라는 말은 그 어떤 말보다도 슬픈 말이다. 이것은 존재 자체만으로 사랑받지 못한 채 살아온 자신의 아픈 상처의 흔적을 내보이는 말이기 때문이다.

어머니는 아기의 존재 자체를 기뻐하고 행복해 한다. 만약 낳는 것만으로도 사랑의 기술을 익힐 수 있다면 세상 모든 어머니는 행복할 것이다. 사랑은 행복한 것이기 때문이다. 아기들은 자신의 생존을 위해 어머니를 필요로 한다. 거기에는 애착과 집착이 뒤엉겨 있다. 하지만 그 속에 사랑도 있었는지 우리는 기억하지 못한다.

돈이 필요한 사람은 돈을 사랑한다고 말할 수 있다. 애인이 필요한 사람은 애인을 사랑한다고 말할 수도 있다. 하지만 돈은 어디까지나 삶을 영위하기 위한 수단일 뿐이며, 허영심 뿐인 관계에서는 애인도 돈과 별반 다르지 않다.

사랑은 주체의 특권이다. 자신의 삶의 주체만이 사랑도 줄 수 있다. 사랑은 너그러움을 필요로 할 만큼 역동적이며, 창조적이다. 사랑은 태초부터 있었지만, 돈과 애인은 그렇지 않다. 그래서 주체성을 갖지 못한 아기는 아직 어머니를 사랑할 수 없을 것 같다. 아기는 어머니를 필요로 할 뿐이며 나의 쾌락과 감각에 따라 애착할 뿐이다.

우리가 돈의 가치를 높게 평가하는 이유는 우리가 돈을 숭배하는 시대에 살고 있기 때문이지, 그것이 진리이기 때문은 아니다. 사랑이 사람을 살게 하는 것은 역사적 진리이지만, 돈이 사람을 살게 하는 것은 기껏해야 시대적 현상일 뿐이다. 사랑하지 않았다면 인류는 일찌감치 그 대가 끊겼을 것이다.

플라토닉 러브

 우리가 상상하는 사랑의 모습은 때로는 여러 가지이다. 그중 하나는 에로스와 플라토닉이라는 이분법적 관점이다. 그런데 과연 이 모두가 사랑일까? 우리는 우리를 오랜 시간 지배해 오던 관념들에 대해 시대적 잣대를 들이대 볼 필요가 있다.
 에로스는 사랑이라기보다는 단지 삶에 대한 동물적 본능과 같다. 이것은 곧 결핍에 의한 갈망이라고도 할 수 있다. 에로스는 아기가 생존을 위해 엄마를 필요로 하는 것과 같다. 당신이 좋아 죽겠다는 사람은 어쩌면 당신이라는 사람 자체가 좋다기보다는, 단지 당신이 자신의 결핍된 욕구를 충족시켜 준다는 사실 혹은 그것에 대한 기대감에 부풀어 있는 것일지 모른다.
 그리고 당신이 더이상 그 결핍을 채워 주지 못하게 될 때, 아마도 그는 당신을 버리고 새로운 공급처를 찾아 떠날 것이다. 그러면 우리는 사랑이 식었다거나 사랑의 유효 기간이 끝났다는 말로 스스로를 위로한다. 하지만 그것은 있던 사랑에 대한 상실감이기보다는 애초에 존재하지 않았던 사랑의 빈자리를 직면한 절망감인지도 모른다.

우리는 나의 결핍을 충족시켜 줄 것 같아 보이는 대상에 집착하여 이성을 놓아 버릴 수는 있지만, 사랑에 눈이 멀 수는 없다. 진정한 사랑은 우리를 눈을 멀게 하여 어리석은 행동을 하도록 하기보다는, 우리를 좀 더 책임감 있고 성숙한 사람으로 만들어 주는 것이기 때문이다.

사람들은 애초에 불가능한 기대(상대가 자신의 결핍을 충족시켜 줄 것이라는)에 지나치게 부풀어 버린 나머지 충족되지 않는 기대감에 실망하고 좌절하며, 끊임없이 상대에게 이상적일 것을 요구한다. 그리고 이내 지쳐버린 우리는 안타깝게도 사랑을 오해한 채, 점점 더 사랑에서 멀어져 간다.

하지만 이것은 불가능한 기대를 가진 사람의 잘못만은 아니다. 그들은 단지 세상에서 배운 그대로, 자신이 원하는 것을 소유하기 위해 자신의 불완전함을 감추고, 상대의 결핍을 공략했을 뿐이기 때문이다.

우리는 사회의 통념에 못 이겨 나를 내려놓는 것만은 피해야 한다. 사회가 나보다 더 오랜 시간 존재했다는 것이 반드시 나보다 세상을 잘 알고 더 합리적임을 뜻하지는 않는다. 사회는 우리들 하나하나를 잘 알지 못하며, 그것은 내 모든 것을 맡겨도 되는 존재가 결코 아니다.

과거에는 자신을 좋다고 쫓아다니는 이성이 한두 명쯤 있는 것을 자랑으로 여겼다. 하지만 자신의 과시욕을 채우기 위해 정확한 의사 표현을 해 주지 않는 사람도, 그 의사를 무시하고 본인이 원하는 것을 강요하는 사람도 안타깝지만 사랑이 무엇인지 아는 사람은 아니다. 자신이 갈망하는 것만을 바라보는 눈먼 자들은 아직 사랑이 무엇인지 모른다.

  결혼 상대는 서로를 바라볼 뿐만 아니라, 열정적으로 달리고 있는 그 방향 또한 같아야 한다. 서로만 바라보는 것은 의존이며, 외부만 바라보는 것은 허영이기 때문이다. 우리에게는 좌우로 치우치지 않은 채, 적절한 때와 시기에 맞추어 서로 밀어주고 당겨주는 노력이 필요하다.

좋은 사람

우리는 객관적으로 좋은 사람과 나에게 좋은 사람을 구별해야 한다. 객관적으로 좋은 사람이 반드시 나에게도 좋은 사람일 확률은 그리 높지 않다. 다른 사람들이 좋은 사람이라고 소개해 준 사람이 나에게는 좋은 사람이 아니었던 경험이 누구나 한 번쯤은 있을 것이다. 이것은 대부분의 사람들이 어떤 사람을 좋다고 느끼는지를 살펴보면 그 이유를 알 수 있다.

사람에 관해 '좋다'라고 여기는 것은 '착하다' 또는 '예쁘다'고 여기는 것만큼이나 추상적이고 모호한 평가이다. 그리고 이것은 지극히 '주관적'인 감정이다. 사람들은 대개 자신에게 의존적이고, 자신의 요구를 거절하지 못하는 사람을 '착하다' 또는 '좋다'고 말하는 경향이 있다.

나에게 의존하는 사람들이나 나의 의견을 무비판적으로 모두 수용해 버리는 사람들은 내가 영향력 있고 가치 있는 사람이 된 것 같은 기분을 느끼게 해 주기 때문이다. 그리고 사람들은 대개 이미 자신과 동일시된 인물에게는 언제나 긍정적인 평가를 내리는 경향이 있다.

나에게 좋은 사람이란 나와 결이 비슷하고 추구하는 가치가 동일하며,

함께하면 편안하고 생산적인 사람이다. 함께하면 편안하다는 것은 자신의 욕망을 채우기 위해 나에게 부당한 요구를 하거나, 자신의 이익을 위해 나를 이용하고자 하는 이중적인 마음을 가진 것이 아니라, 소통에 있어서 언제나 솔직하고 정직하여 내가 신뢰할 수 있는 사람이라는 것이다. 그리고 정직한 사람이 편한 이유는 상대를 신뢰하지 못하는 것만큼 피곤하고 에너지 소모가 많은 일도 없기 때문이다.

생산적이라는 것은 자신의 감정을 일방적으로 나에게 던져 버리는 것이 아니라, 표현에 앞서 그에 대한 나의 감정을 배려하고, 감정을 던져 버림에서 머무는 것이 아니라, 자신의 감정을 자신이 책임진다는 것이다.
또한 우리는 사람의 가치관이라는 것을 저평가해서는 안 된다. 성숙한 인간은 그 모습이 어떠하든 추구하는 바가 같다면 그 과정의 사소한 습관의 부딪힘 정도는 충분히 대화를 통해 해결할 수 있기 때문이다.
가치관은 사람마다 다를 수 있다. 그러나 가치관이 다르면 소통에 불편함이 따른다. 대인 관계에서 소통에 불편을 겪고 싶지 않다면 우리는 서로의 가치관을 존중해야 한다.
소통은 곧 우리의 삶을 통하게 하여 서로가 고인물이 되지 않게 한다. 그래서 나에게 좋은 사람이란 나와 소통이 잘 되는 사람이라 해도 과하지 않다.

사람은 감정의 동물이다. 그리고 감정의 동물은 언제나 감정적 자극에 따라 반응을 보이기 마련이다. 이타적인 사람에게는 배려심을 보이다가도, 이기적인 사람을 대할 때면 매몰차게 대하는 것은 지극히 당연한 이치이며, 이런 사람에 대한 평가는 그 평가자가 어떤 자극을 주었느냐에 따라 다를 수밖에 없다.

이기적이거나 자기 연민에 갇혀 있는 사람들은 종종 자신의 자극에 대한 상대의 반응에 과도한 기대를 내건다. 그들은 자신은 어떤 태도를 취하든, 상대는 나에게 친절해야 한다고 여기며, 자신은 타인을 대우해 주지 않아도 상대는 나를 특별히 우대해 주어야 한다고 믿는다. 그리고 그것이 그들이 생각하는 정의이다. 그러나 모든 것을 내 탓으로 돌리는 것도 파괴적이지만, 모든 것을 남의 탓으로 돌리는 것도 마찬가지이다.

나와 직접 상호 작용해 보지 않은 사람에 대해서 다른 사람들의 의견을 근거로 판단을 내리는 것은 나의 대인 관계를 지나치게 가볍게 다루는 것이다. 같은 사람이라도 서로 다른 자극에 대한 반응은 모두 다르다. 연구실 실험에서는 관찰자 효과가 중요한 변인으로 작용한다. 우리의 대인 관계에서도 관찰자에 따라 결과가 달라지는 효과는 절대 간과할 수 없다.

성격 좋기로 소문난 연예인의 험담이 올라왔다. 성격 좋고 너그럽다더니, 만나서 보니 아니더라는 것이다. 그 연예인이 한 순간에 위선자가 된 이유는 글쓴이의 요구를 거절했기 때문이었다. 어느 날 글쓴이는 명품 매장에서 우연히 마주친 그에게 대뜸 명품 티셔츠를 사 달라고 했고, 그 연예인은 정중하게 이를 거절한 것이다. 작성자는 그렇게 친절하기로 유명한데 돈도 많으면서 티셔츠 한 장 사 주

지 않더라고 그를 험담하고 있었다. 하지만 글쓴이는 사실 착하다
는 것과 호구를 혼동하고 있었다.

호구가 아닐 수 있는 능력, 스스로 자신을 지킬 수 있는 능력은 착
하거나 착하지 않은 것과는 관계가 없다(호구여야만 착하다는
것인가?). 거기에다가 그 연예인은 갑작스런 무례한 공격에도 정중
했다. 이것이야말로 그가 대중에게 긍정의 평가를 얻는 이유이다.

일면식 없는 사람에게 명품 티셔츠를 사주는 것은 친절하거나, 너
그러운 성품과는 상관이 없다. 이렇게 어떤 이들에게는 자신이 원
하는 것을 다 해 주어야만 착하고 좋은 사람이며, 이것은 굉장히 유
아적인 발상이다.

우리가 고민해야 하는 것은 "어떤 모습이 그의 진짜 모습일까"가 아니
라, "내가 어떻게 했길래 그가 저러한 반응을 보이는가"이다. 사람은 다
양한 모습이 통합된 채로 존재한다. 하지만 그가 자라보고 놀란 경험이
있고 그것이 트라우마가 되었다면, 솥뚜껑 그림자만으로도 과하게 놀랄
수 있는 일이며, 그것은 더 이상 나의 영역이 아니다. 하지만 그것은 두
려움 그 자체로 존중되어야 하며, 타인의 감정을 부정하지만 않아도 우
리는 좋은 사람일 수 있다.

말은 하는 사람이 기준이 아니라, 듣는 사람이 기준이다. 나는 그런 의
도가 아니었다고 해도, 듣는 사람이 기분이 상했다면 그 말은 다른 형태
로 세상에 나왔어야 했다. 때로 마음이 통하는 사이가 아닌 관계에서는,

의도보다는 결과가 더 중요하기 때문이다.

　상대가 나의 행동을 공격으로 받아들인 것은 아닌지 살피는 것은 나의 관계 맺음의 돌다리를 조심스럽게 두드려 보며 건너는 것과 같다. 이것은 눈치를 보는 비굴함이 아니라, 타인을 배려하여, 나의 삶을 내가 통제하는 방법이며, 내가 나를 사랑하는 방법이다.

　우리에게는 무엇보다 나의 실수는 인정하고 사과하되, 내가 원하는 나의 삶의 방식이 아닌 것은 받아들이지 않는 단호함이 필요하다. 상대가 휘젓는 대로 휘둘리는 것이 착하다거나, 효성스럽다거나, 충성스러운 것은 아니다. 그렇기 때문에 우리는 솔직하고 정직한 대화가 필요하며, 각자만의 삶의 기준이 필요하다.

정의로운 사람

　세상에는 두 부류의 인간이 있다. 첫 번째 부류는 사회적으로 부여된 관습적 의무에 매몰된 채, 스스로 자유로울 수 없는 사람들이다. 그들은 악해서가 아니라, 오히려 너무 선한 나머지 사실보다는 당위를 앞세우는 사람들이다.

　그러나 그와는 반대로, 비합리적인 관습에 의문을 제기하며, 우리의 고유한 권리와 자유를 존중하려는 사람들도 있다. 그들은 우리에게 자신을 억누르는 것에 스스로 동화될지, 아니면 내가 원하는 삶의 방식이 아닌 그것을 거부할지를 결정할 힘이 있다고 말한다. 다만 우리는 그 자유로운 선택에 대한 책임을 회피하는 방법으로써 옛것에 동화됨을 선택하는 것뿐이라고 말이다.

　자신의 삶을 '사는' 사람과 자신의 삶에서 소외된 채 '살아 지는' 사람의 삶의 만족도와 행복감은 매우 다르다. 전자가 과거로부터 자유로우며 관습에 얽매이지 않는 자연의 인간이라면, 후자는 자신이 가진 특성들 중 하나(성별, 지위 등)에 지나치게 매여 사는 사람이다. 그리고 누군가는 이것을 '자신의 삶의 주체'인 사람과 '타인의 삶의 대상'이고 싶은 사람으로 나누기도 한다.

나에 대한 타인의 시선까지도 통제하고자 하는 욕망은 자신의 삶의 주체인 사람들에게서는 좀처럼 찾아볼 수 없는 특징이다. 왜냐하면 그들은 자신의 영역을 지키고자 하는 만큼, 타인의 영역도 기꺼이 존중해 주기 때문이다.

타인의 시선에 민감한 것은 오직 세상 모든 것이 자신의 영역이라고 믿는 사람들뿐이다. 타인의 영역을 존중하고 믿고 기다려 줄 여유가 없다면 그 욕심은 좀처럼 내려놓기 힘들다.

내가 나의 삶의 주체가 되어 나를 중심으로 타인을 배려하는 것과, 나의 삶의 주도권 자체를 타인에게 넘기고자 하는 것은 다른 이야기이다. 우리는 나의 몫이 어디까지인지 아는 것과 동시에 나에게 중요한 것이 무엇인지 아는 것, 그리고 그것들의 우선순위를 결정하는 작업이 우선 필요하다.

결혼은 관습적 이성과 하는 것이 아니라, 자유로운 인간과 하는 것이어야 한다. 하지만 책임감 없는 자유는 자유가 되지 못하고 그저 방탕함에 머물러 버린다. 자신의 자유로운 행동에 따르는 책임까지도 감당할 수 있는 사람이야말로 진정 자유롭다. 성적 환상이나, 고정된 성 역할에 대한 이상을 가진 채로는 오히려 자유를 빙자하여 서로가 서로를 옭아맬 뿐이다.

한 개인이 가진 특성에는 여러 가지가 있다. 성별은 인간이 가진 특성의 지극히 일부분이다. 직업, 지위, 성별, 인종, 나이, 학벌, 취미나 특기의 종류, 재능 등도 개인이 가진 작은 특성이며, 우리는 이 중 지극히 사소한 것 하나가 인간의 삶의 질을 결정하게 만드는 정의롭지 못한 상황을 옳게 여겨서는 안 된다.

사회는 개인들이 모여 이루어지며, 정의롭지 못한 개인들이 모인 사회는 정의롭지 못한 사회가 된다. 자신은 정의로운 행동을 하지 않아도 된다고 생각하면서 사회는 정의롭기를 바라는 사람들은 언제나 우리의 일상 밀접한 곳에 있다. 우리는 그들에게 물어보아야 한다. 정의로운 사회는 누가 만들며, 사회가 정의로워지면 누가 좋은가.

나는 나의 행복을 위해 태어났으며 나를 위해 살아가는 것이고, 너는 너의 행복을 위해 태어났으며 너를 위해 살아간다. 각자가 살아가는 과정에서 우연히 가는 방향이 같다면 잠시나마 함께할 수 있고, 내게 사랑이 넘쳐흐른다면 나는 너에게 그것을 나누어 줄 수 있을 뿐이다.

그리고 나는 너에게 사랑을 나누어 주기 위해 내가 줄 수 있는 사랑을 헤아리며, 그 사랑을 오해 없이 전하는 방법을 알기 위해 끊임없이 고민한다. 그리고 그 과정이 충분해졌을 때 너는 내 앞에, 나는 너의 앞에 모습을 드러내게 된다.

우리가 타인을 위해서 존재하는 것이 아닌 것과 같이, 우리는 우리를 위해 존재해 주는 사람은 없다는 것을 받아들여야 한다. 하지만 부모를 위해 양육되고, 교사를 위해 교육되어 버린 사람들은 무심코 그들이 사랑하는 이들에게도 응당 자신들을 위해 자신이 원하는 모습으로 존재해 줄 것을 요구한다.

사랑이 결핍된 인간은 항상 외로우며, 외로운 사람들은 언제나 억울하다. 하지만 그 외로움을 채워 줄 수 있는 사랑은 자신 안에서 나온 사랑이어야만 하며, 우리가 늘 억울한 이유는 내가 나를 사랑하지 못하기 때문이다.

외로움은 타인으로 채워지지 않는다. 나의 외로움은 나의 짐이기 때문이다. 나의 짐을 타인에게 떠넘기는 것은 좋은 방법이 아니다. 왜냐하면 그 또한 이미 자신의 짐을 짊어지고 힘들게 버티고 있기 때문이다. 자신의 짐을 인 채로, 당신의 짐까지 떠맡은 그는 이내 분노의 감정을 갖게 될 것이다. 그리고 우리 사이의 위장된 사랑은 그 분노를 죄책감으로 바꿔 놓는다.

우리는 서로에게 넘치는 사랑은 주되, 무거운 짐은 주지도, 받지도 말아야 한다. 타인에게 나의 짐을 떠넘기는 사람도, 자신이 타인의 짐을 짊어져 줄 수 있다고 착각하는 사람도 어리석기는 마찬가지이다.

그리고 그렇게 어리석다는 점에서 외로움에 떠밀린 관계는 이내 더 외로워지고 만다. 외로운 사람에게 필요한 것은 배우자가 아니라, 자신을 사랑하는 법을 가르쳐주는 것이다. 외로움은 사실 자신에 대한 사랑의 부재를 알리는 신호이기 때문이다.

무엇이 옳은가

　도대체 무엇이 옳은 것인가. 그것이 문제다. 우리의 옳음은 각기 다른 것 같기도 하지만, 또 달라서는 안 되는 것 같기도 하다. 각 상황에서 무엇이 옳은 것인지는 학교에서도 가르쳐 주지 않는다. 또한 그것은 목록화해서 암기할 수 있는 성질의 것이 아니기 때문에 암기 위주의 교육에서는 절대 무엇이 옳은지 배울 수 없다.
　그리고 우리를 가르쳤던 어른들 역시 무엇이 옳은지에 대해 회의적인 것은 마찬가지이다. 옳고 그름의 문제는 단지 권위에 의존할 수 있는 일이 아니기 때문이다. 권위는 단지 옳고 그름을 실행할 의무가 있을 뿐, 권위를 갖는다는 것은 옳고 그름을 '앎'과는 무관하다.

　좋은 것은 옳다. 그러나 그것은 쾌락이라거나, 탐욕에 대한 만족을 이야기하는 것은 아니다. 쾌락이 아니면 금욕이라는 극단적인 태도와 나의 좋음과 너의 좋음을 분리시키는 이기주의는 우리에게 절대 무엇이 옳은지 가르쳐 줄 수 없다.
　그러나 '좋음'과 '옳음'이 항상 일치하지는 않는다. 우리는 '옳음'에 집착하여 '좋음'을 놓쳐서는 안 된다. '좋음'은 오히려 '옳음'의 원인이다. 만약

'옳음'을 선택하는 이유가 '좋음'에 있지 않다면 그것은 '옳음'이 아닐 수 있다.

우리는 흔히 '허영심'과 '쾌락' 같은 것들을 '좋음'으로 착각하지만 그것은 사실 삶의 중요한 것들을 회피하는 수단이 될 수 있을 뿐이다. 그것들은 그 자체로 좋거나 나쁜 것은 아니다.

'좋음'이 '옳음'인 이유는 인간 본성에 그 원인이 있다. 본성이 선한 인간은 '옳을' 때 '좋음'을 느낀다. 무엇이 옳은지 판단할 수 없는 사람은 자신의 '좋음'을 먼저 찾는 연습을 해야 한다.

자신의 좋음이 아니라, 타인의 좋음에 따라 살아가는 사람은 무엇이 옳은지 결코 알 수 없다. '좋음'은 사람마다 다를 수 있기 때문이다. 그렇기 때문에 '옳음'은 언제나 유연하며, 그런 의미에서 인간은 정말 만물의 척도가 될 수 있을지도 모른다.

때때로 우리가 집착하는 '옳음'은 사실 '옳음'이 아닌 경우가 있다. 옳음은 시대와 상황, 그리고 그 대상에 따라 달라지는 것 같이 보이는 경향이 있기 때문이다. 하지만 과거에 옳게 여겨지던 일이 지금은 그렇지 않다면, 그것은 옳음이 변한 것이 아니라, 단지 몰랐던 옳음이 찾아진 것이거나, 환경이 마침내 옳음을 실천할 수 있게 되었기 때문이다. 우리는 한 걸음 앞으로 나아간 것이며, 결코 퇴보하지 않았다.

시간의 흐름은 있던 것을 폐기하기도 하지만, 없던 것을 찾아내기도 한다. 시간의 흐름에 따른 변화를 피해 갈 수 있는 것은 없지만, 옳음은 변하지 않는다. 그것은 단지 상황에 따라 그 표현 방식이 달라질 뿐이다. 그렇기 때문에 자신의 시대에 고착된 사람은 늘 '옳음'에 혼란을 겪는다.

각각 다른 시대에서 성장한 사람들이 모여 사는 사회에서는 언제나 세대 간의 갈등을 겪는다. 하지만 누구도 옳지 않다고 말할 수는 없다. 세대 간의 갈등은 대개 옳음에 대한 시대적 관점의 차이이며, 언제, 어느 곳에서나 그 한계는 늘 있는 일이기 때문이다. 지금 무엇이 더 중요한지, 무엇이 더 시급한지에 대해 합의를 이끌어 내지 못한다면 싸움을 면할 방도는 없어 보인다.

'옳음'이 시대가 변해도 변치 않을 수 있는 비결은 인간의 '좋음'을 근거로 하기 때문이다. 인간의 본성이 달라지지 않는 한, 인간의 '좋음'은 변하지 않는다. 옳음은 물처럼 유연하지만 그 정체성만은 잃지 않는다. 언제나 진리는 변하는 것이 아니라, 아직 찾아지지 않았을 뿐이다.

어느 날 과소 판결된 사건의 기사 밑에 달린 댓글에 'AI 판사'가 등장했다. 재판의 판결을 AI처럼 한다는 의미의 이 댓글에는 많은 사람들이 공감했다. '좋음'을 근거로 하지 않은 '옳음'은 폭력이 되기 쉽다. 그러나 그것이 누구의 '좋음'을 근거로 해야 할지는 아주 중요한 문제이다.

'좋음'은 '옳음'이 될 수 있으나, 모든 '옳음'이 '좋음'이 될 수 있는 것은 아니다. '옳음'만으로 살 수 있는 것은 AI뿐이다. 인간은 '좋음'으로써 살 수 있다. 우리가 '옳음'에만 집착하는 한 우리는 AI에게 종속될 수밖에 없다.

인간다움은 '좋음'에서 온다. 감정이 없는 로봇이 좋음을 알기는 어려워 보인다. 나도 좋고 너도 좋은, 그리고 우리 모두가 좋을 수 있는 방식이 우리를 살게 한다.

도덕성(習)

　인간의 정신적 생명이자, 우리의 영혼을 보호해 줄 수 있는 위대한 능력은 바로 도덕성이다. 이 도덕성은 습관으로도 표현된다. 이것은 우리의 삶의 질과 관련된 것이고, 그렇기 때문에 우리는 모든 일에 앞서 나와 너, 그리고 우리의 도덕성에 대한 생각을 나눠 볼 필요가 있다.

　어른들은 흔히 "사람은 고생을 해 봐야 인간이 된다"고 한다. 하지만 궁금하다. 고생을 하면 왜 인간이 된다는 것일까. 그리고 화가 났다. 고생을 해 봐야만 인간이 되는 것이라면, 인간이 되는 일은 복불복이라는 것이다. 고생스러운 환경을 스스로 만들 수는 없으며, 고생할 것을 스스로 선택하는 사람도 없을 것이기 때문이다. 그렇다면 우리는 대체 왜 학교에 다니는 것일까. 인간을 인간답게 만들어 주는 것이 교육이라고 하지 않았나?

　도덕성이란 "인간 본성이 가야 하는 길 또는 방향"이라고 말할 수 있다. 우리는 본성대로 살아야만 '좋을' 수 있다. 하지만 '좋음'이라는 것은 나의 그것을 위해 남을 희생하거나, 남의 그것을 위해 내가 나를 포기하는 것과는 거리가 멀다.

나의 좋음을 남에게 맡기거나, 누군가의 '좋음'을 내가 판단하는 것도 위험하지만, 왜곡된 '좋음'은 더 이상 '좋음'이 될 수 없다. 나만 좋은 것은 이기심이며, 다른 사람만 좋은 것은 허영심이다. 그리고 우리 모두가 좋은 것이야말로 바로 도덕적이고 그것이 인간의 본성대로이다.

'나만' 혹은 '너만'이 아닌, '우리 모두가' 함께 좋을 수 있고, 그로 인해 함께 살아갈 수 있도록 할 수 있는 능력이 바로 도덕적 능력이다. 함께 살아가는 능력, 상생의 능력이야말로 21세기에 필요한 도덕이 아닐까.

우리가 도덕성 하면 떠올리는 많은 덕목들 중에 무엇에 더 가치를 둘 것인지는 사람마다 다를 수 있다. 그것은 나의 성향에 따라 달라진다. 어떤 이는 거짓말을 하는 사람에 대한 불신감을 견디기 힘들어할 수도 있고, 어떤 사람은 교만한 태도에 대해 관대함을 발휘하는 것을 가장 힘들어할 수도 있다.

마찬가지로 결혼이라는 미래 지향적인 활동에서도 사람마다 우선시하는 가치가 다를 수 있다. 하지만 이 우선순위는 절대적인 것이 아니며, 시간이 흘러 우리의 우선순위가 변한다고 해도, 각각의 덕목들이 지닌 가치가 변화하는 것은 아니다. 시간과 환경의 변화에 따라 우리의 가치 기준이 변화할 수는 있지만, 가치 자체가 변하는 것은 아니라는 것이다.

우리는 그 많은 도덕성 중에 먼저 정직하고, 겸손해야 하며 인내심을 갖는 것이 좋을 것 같다. 왜냐하면 소통을 가능하게 하는 것은 늘 정직하고 겸손한 마음이며, 살아갈 용기로서의 사랑을 일으키기 위해서 먼저 필요한 것은 인내심이기 때문이다.

🎗 정직

흔히 대인 관계에서 갈등을 불러오고, 괴로움과 불쾌감을 일으키는 가장 유력한 원인은 오해이다. 우리는 서로 대화를 하고 있지만 대화를 하고 있지 않다. 입을 통해 나오는 것들이 모두 다 말은 아니며, 특히 상대의 말을 듣지 않고 혼자서만 말하는 것은 대화가 아니다.

언어는 의사소통 도구의 전부가 아니다. 언어는 가장 확실한 소통의 수단일 수는 있으나, 그것으로 전달할 수 있는 우리의 의사는 고작해야 7%뿐이라고 한다. 사실 우리의 언어는 세상에서 벌어지는 일들과 인간의 미세한 감정 모두를 표현하기에는 턱없이 부족하다. 그래서 이 불완전한 언어를 통해서도 진솔한 소통을 하는 것은 사실 쉬운 일이 아니다.

하지만 그럼에도 불구하고 언어는 의사소통 수단 중에 최고로 다뤄진다. 명백하게 들을 수 있고, 볼 수 있기 때문이다. 하지만 그 표현이 세밀한 만큼, 그것들 중 유일하게 거짓을 말할 수 있는 것도 언어뿐이다.

정직하지 않은 것은 거짓을 말하는 것뿐만이 아니라, 사실을 말하지 않는 것 또한 포함된다. 우리는 정직하지 않은 말을 하는 것만으로 모순적인 사람이 될 수 있다. 우리의 말과는 달리 행동과 눈빛, 목소리의 크기와 떨림, 특히 선택과 집중은 그 순간에도 다른 말을 하고 있기 때문이다.

말과 행동이 일치하지 않는 모순은 스스로 나의 이미지를 실추시키며, 그 말로 인해 내가 책임져야 할 일들만 긁어 부스러낸다. 그리고 이것은 대개 자신이 가진 언어를 과대평가하기 때문에 일어나는 일이다.

우리는 상대의 권위를 두려워하기보다는 우리 스스로의 마음을 두려워해야 한다. 흔히 나를 해하는 것은 상대의 권위가 아니라, 나와 분리된 나의 자아이며, 분리된 나의 언어와 몸짓이기 때문이다.

자신의 진심을 보여 주는 것이 낯선 사람들은 언제나 불안과 두려움을 동지 삼아 진실하지 못한 현실에 안주하고자 한다. 하지만 정직하지 않을 수 있는 언어와, 정직할 수밖에 없는 비언어의 불일치는 그들을 신뢰하지 못하게 만들고, 오해를 불러일으켜서 소모적인 관계를 만든다. 소모적인 관계는 우리의 마음을 지치게 하고 지친 마음은 어디에서도 편안히 안주할 수가 없다.

표현은 정직하며 솔직해야 한다. 하지만 그것이 쉽지만은 않다. 내가 정직하고 솔직하기 위해서는 상대를 배려할 수 있어야 하기 때문이다. 표현은 단순한 감정의 내던짐이 아니다. 받는 사람을 배려하지 못하는 표현이라면 그것은 마치, 누군가는 치우겠지 하는 마음으로 아무 데나 버리는 쓰레기와 같다. 배려심이 없이는 정직할 수도, 솔직할 수도 없다. 배려심을 동반하지 않은 솔직함은 무례함에 지나지 않기 때문이다.

타인에게 나의 감정을 필터 없이 마구 던지는 것은 적어도 어른의 표현 방식은 아니다. 필터를 거친 나의 감정은 적재적소에서 언어적, 비언어적인 모습으로 표현되어야 한다. 정직하고 솔직할 수 있을 준비가 되지 않았다면 섣불리 행동하지 말고 우선 한 발 물러서서 정직한 누군가를 관찰하는 것이 좋다.

우리가 정직함과 함께 의사를 표현하는 방식에 대하여 이야기를 해 봐야하는 이유는 정직하기 위해서는 나의 의사를 명확히 표현할 수 있어야 하기 때문이다. 그리고 나의 의사를 명확히 표현하는 것은 관계 맺기의 기본이라고 할 수 있다.

관계에서 자신의 우월감을 과시하려 상대를 비하하거나, 자신의 부정적 감정을 방어하기 위해 진실을 왜곡하는 것, 그리고 권위에 대한 두려움이 만들어낸 상대의 모범 답안을 스스로에게 덧칠하는 것은 대표적으로 정직하지 못한 소통 방식이다.

대개 우리가 정직하지 못한 이유는 용기가 없기 때문이다. 용기가 부재한 곳에는 필연적으로 불안과 두려움이 자리한다. 할 수 있는 일을 하지 않음으로써 우리는 늘 불안하다. 그리고 우리는 소중한 나의 마음이 있는 그 자리를 불안과 두려움에게 내어 줄 것인지, 아니면 그곳에 용기를 들일 것인지 스스로 결정할 수 있다.

하나의 방식으로만 모든 감정을 표현하는 사람이 있다. 기뻐도 화를 내고, 슬퍼도 화를 내며, 고마울 때도 화를 내고, 미안할 때도 화를 내지만, 정작 화를 내야 할 때는 눈치만 보고 있다. 또 어떤 사람은 기뻐서 울고, 고마워서 울고, 미안해서 울고, 화가 나서 울지만, 정작 슬플 때는 울지 못한다.

인간의 감정은 다채롭다. 하나의 감정만 가진 듯이 행동하는 것은 자기 자신에게 정직하지 못하다. 그들은 타인에게 상처받기 이전에 먼저, 정직하지 못한 자신에게 상처받았다. 나의 감정을 억누르는 이유가 두려움 때문이든, 불안 때문이든, 자신의 감정에 대해 마땅히 책임지는 사람을 보고 자라지 못한 우리들은 나의 감정 자체가 두려움이다. 하지만 우리는 우리의 감정에 마땅히 책임질 능력이 있으며, 우리는 약하지 않고, 세상의 모든 것은 나의 선택이다.

자신의 감정을 내려놓고 위로받을 수 있는 것은 용기 있는 행동이다. 하지만 그것이 타인의 감정을 구걸하는 것일 수는 없다. 정직함은 많은 것을 포함한다. 정직함은 얻기 어려운 행운과 같다. 정직하기 위해서는 용기가 필요하며, 그 용기를 내기 위해서는 자신의 두려움과 불안을 인정할 수 있어야 하기 때문이다.

사랑에서도 오해가 생기기 쉽다. 대개 대화에서 오해가 생기는 이유는 서로가 사용하는 언어가 다르기 때문이다. 그것은 정확히 단어들의 꾸러미이다. 사랑이 끝난 후, 어떤 이들은 상대가 자신을 진짜로 사랑했는지 궁금해한다. 이것은 지나간 것에 대한 집착이 아니라, 자신의 남은 사랑을 위해 같은 실수를 반복하지 않으려는 노력이며, 내가 사랑받을 만한 사람인지를 확인하기 위해 보이는 절박함이다.

'그가 자신을 진정 사랑을 했을지'를 묻는 그녀에게 나는 '그렇다'고 말해 주었다. 그는 '그가 아는 사랑'을 당신에게 주었고, 당신은 그에게 '당신이 아는 사랑'을 기대했다. 그렇기 때문에 안타깝게도 그는 당신을 사랑했지만, 당신은 사랑을 받지 못한 것이 되었다. 이미 오해된 채 시작된 '사랑'은 통하지 못하고 서로에게 상처만 남기기 쉽다. 당신만이 상처를 받은 것은 아니며, 그렇기 때문에 당신에게는 그의 사랑을 폄하할 권리도 없다.

서로가 먼저 사랑의 정직함에 관심을 가졌더라면 적어도 그에게 나만의 사랑을 기대하거나, 그의 사랑을 알아보지 못하는 일은 일어나지 않았을지 모른다. 우리는 대개 진실을 마주할 용기가 없는 나머지 상대도 나와 같은 생각일 것이라며 그의 생각을 넘겨짚는다. 그리고 그 넘겨짚음은 결국 오해의 늪에 우리를 가두어 버린다.

안타깝게도 우리는 늘 서로 다른 세계에 존재하면서도 함께하려 애쓰고 있다. 그렇기 때문에 관계에서는 항상 마음의 진솔함과 진실을 마주하는 용기가 필요하다. "너무 과한 것 아닐까" 하는 생각은 하지 않아도 된다. 그 '과함'마저도 필연으로 승화시키는 것이 사랑이니 말이다.

겸손

 모든 인간은 불완전하다. 불완전한 인간들이 서로 부대끼며 사는 사회는 뭐 하나 제대로 되는 일이 없어 보인다. 인간은 완전함에 대한 환상을 가지고 있다. 신에 대한 열망은 이를 아주 잘 보여 주며, 그렇기 때문에 어떤 이들은 인간보다 신을 더 사랑한다.
 인간은 때로, 그 환상에 사로잡힌 나머지 완전하지 못한 자신을 있는 그대로 수용하는 것에 어려움을 겪는다. 또 이상 속의 나와 현실의 나 사이의 괴리감이 가져다 준 고통에 몸부림치며 나를 알아주지 않는 세상을 원망하고 인정 받지 못하는 자신을 학대하기도 한다.
 하지만 이렇게 인간의 불완전함을 인정하지 못한다면 자신과 자신의 삶에 대해 너그러워지는 여유를 갖지 못할 뿐이다. 세상은 이렇게 겸손함을 거부하는 사람들에게 멋진 완벽주의자라 옹호해 줄 의사가 전혀 없다.

 인간의 불완전함을 보완해 줄 수 있는 것은 정직과 겸손뿐이다. 성실한 노력이라 해도 정직하지 못하고, 겸손하지 못하다면 그 빛을 발할 수 없다. 열심히만 한다고 되는 것이 아닌 이유가 바로 그것이다. 잘못된 방향으로는 아무리 열심히 해도 우리의 삶은 나아지지 않는다.
 삶은 결국 인간들이 부딪히는 장이며, 무언가를 만들어 내는 것도, 파괴하는 것도 모두 인간이 하는 일이다. 그렇기 때문에 우리는 인간 보편의 좋음을 추구하는 것으로만 함께하는 행복에 이를 수 있으며, 그렇기 위해서는 서로를 신뢰할 수 있도록 하며, 모두를 있는 그대로 인정해 주는 겸손이 필요하다.

겸손하지 않으면 사랑할 수 없다. 서로에게 겸손하지 못한 우리는 종종 함께하는 시간이 괴롭다. 상대방을 있는 그대로 인정하려면 우선, 인간 보편의 불완전함을 인정해야만 하며, 그렇기 위해서는 나 또한 완벽할 수 없는 사람임을 인정하는 겸손한 태도가 필요하다. 사랑은 언제나 불완전한 것에 대한 사랑이며, 마땅히 겸손하지 않고서는 불완전한 것을 사랑할 수 없기 때문이다.

그리스 신화에서 여신의 상징은 지혜이다. 지혜는 관조할 수 있는 능력을 의미하기도 한다. 관조할 수 있으려면 자신의 존재감을 폭력적으로 드러내려는 내면의 자아를 내려놓아야만 한다. 그것은 겸손과도 같다.

남신의 상징인 칼은 이성을 뜻한다. 이성이 칼에 비유되는 이유에는 그것의 남용을 경고하는 의미가 들어 있다. 칼은 그것을 함부로 사용하면 서로를 다치게 할 수 있다는 것을 암시한다. 칼은 필요에 따라 적재적소에 사용해야만 유용하며, 이성 또한 마찬가지로 적재적소에서만 빛을 발한다.

칼을 평상시에도 들고 있다가는 주위 사람들을 다치게 할 수 있으며, 타인에게 불필요한 불안과 두려움을 자아낼 뿐이다. 다른 사람들에게 불안과 두려움을 일으키는 것은 권위가 아니라 폭력이다.

우리는 타인이 아닌, 자신을 두려워해야 한다. 나의 움직임 하나가 뜻하지 않은 피해를 초래할 수 있을 만큼 우리는 충분히 강한 존재이며, 그렇기 때문에 겸손하지 않으면 나와 타인에게 상처를 입히기 쉽다. 하지만 이미 상처로 인한 고통에 사로잡혀 있는 사람들은 자신이 강하다는 것을 믿지 못한다. 하지만 나의 강함은 내가 부정한다고 해서 없어지지 않으며, 그것은 내가 믿지 않으면 적어도 나에게만 보이지 않는 것이 된다. 신을 믿어야 천국에 갈 수 있는 것과 같이, 나의 강함을 믿어야 그 강한 힘을 발휘할 수 있다.

〈매트릭스〉에서 네오는 오라클에게 자신이 진짜 '그'인지 물었다. 오라클은 '당신이 그렇게 생각하면 그렇다'는 아리송한 말만 한다. 하지만 그것은 너 자신을 믿으라는 의미는 아닐까.

🧠 인내

영어 단어를 외우기 싫었던 아이는 어른들에게 항상 물었다. 이 단어들을 실제로 사용하는가 하는 것을 말이다. 또 수학 문제가 풀기 싫었던 아이는 어른들에게 항상 물었다. 실제로 수학 문제를 풀어야 하는 일이 사회생활에서도 있느냐고 말이다. 아이는 마치 소용이 있다면 인내할 수 있다고 말하는 것 같았다.

현대 사회가 강조하는 독창성과 창의력은 독서와 관련 있다. 결국 입력이 많아야 출력의 질도 높아지는 것이다. 시공간의 제약을 받는 우리는 다양한 사람과 환경을 실제로 경험해 보기 힘들며, 이것을 초월한 현자들을 직접 만나기 힘들다. 그래서 이러한 우리의 현실에서 독서만큼 우리의 경험치와 세계관을 넓혀 줄 수 있는 것은 없다. 그리고 독서에서 필요한 것 또한 나의 성장을 지지해 줄 낯섦을 수용하는 인내심이다.

 공부와 독서, 그리고 운동은 대표적인 나 자신과의 겨루기이다. 그리고 나 자신과의 겨룸은 누군가와 함께할 수 있는 종류의 것이 아니며, 혼자서 고독의 시간을 인내하는 능력에 의해 승패가 결정된다. 따라서 나 자신과의 겨루기에서 가장 중요한 것은 인내심이다. 인내를 필요로 하는 것들은 무엇이든 그 효과와 결과가 바로 나타나지는 않는다. 그리고 가치 있는 것은 대개 오랜 내공을 요구한다. 비록 아직 나타나지 않았지만 스스로를 믿고 그것을 계속할 수 있는 인내는 우리를 성장시킨다.

 감정의 기복이 유난히 심한 사람이 있다. 하지만 그것이 타고난 기질이라거나, 변화할 수 없는 종류의 것은 아니다. 민감도의 차이는 있을 수 있으나, 감정의 변화는 누구에게나 있다. 그것은 단지 내가 나의 감정을 조절하는가, 아니면 감정에 의해 내가 휘둘리는가의 차이일 뿐이다.
 나의 감정은 나의 책임이다. 그 감정을 불러일으킨 것은 결코 타인이 아니다. 세상에는 그 어떤 자극도 있을 수 있다. 자극이 없길 바라는 것이 아니라, 그 자극에 대한 반응을 스스로 조절할 수 있는 것이 성숙이며, 우리는 나의 감정을 책임지기 위해 스스로 먼저 그것을 지켜보고 관찰하는 시간이 필요하다.

　감정은 한순간 일어났다가 사라지는 회오리이며, 회오리가 지나간 곳의 우리는 처음과 다를 것이 없다. 만일 우리가 이 회오리를 가만히 지켜볼 수만 있다면 우리는 그 감정의 주인을 찾을 수 있다. 감정의 기복을 드러내는 사람들은 대개 모든 감정의 주인이 자신이라고 착각하기 때문이다.

　나의 감정의 떠오름과 반응함의 사이에는 여백을 두어야 한다. 그리고 그 여백의 정체는 바로 인내심이다. 우리에게는 항상 나의 감정을 지그시 바라보는 인내가 필요하다. 내가 지금 화가 났는지 또는 슬픈지를 알고자 한다면 우리는 먼저 갑자기 튀어오르는 나의 감정을 지그시 바라보아야 한다.

　즉각적인 반응은 언어를 습득하는 데에나 어울린다. 영어를 배워 본 사람이라면 종종 갑자기 물어오는 외국인의 질문에 머릿속으로 문법을 맞추다가 대답할 기회를 놓쳐 버린 이야기를 들어 봤을 것이다. 그래서 영어 회화에서는 즉각 반응이 유용한 전략이다. 하지만 순간 일어나는 감정에는 즉각 반응보다는 지그시 바라보는 인내가 더 좋은 전략이다.

　어린아이들은 대개 자신의 신체적인 것과 마찬가지로 감정까지도 부모에게 의존한다. 하지만 성장할수록 나의 그것들은 나의 관할 안으로 이관되어야 한다. 감정 조절에는 반드시 상황을 파악하는 여백이 필요하다. 그것이 인내라고 한다면 감정 조절은 인내심의 문제이다.

인내심은 스스로에 대한 신뢰와 확신, 그리고 낙관적인 미래관의 영향을 받는다. 스스로에 대한 믿음이 부족하고 세상에 대한 신뢰감이 없는 사람일수록 인내하는 것이 괴롭다. 당장 눈에 보이지 않는 성과와 내가 해낼 수 있다는 것을 확신할 수 없는 것은 불안한 일이기 때문이다.

우리를 인내하지 못하게 만드는 또 다른 것 중에는 그 인내의 끝이 보이지 않는다는 사실이 있다. 하지만 진정한 인내는 끝을 기다리지 않는다. 끝을 기다리는 것은 인내이기보다는 분노이기 때문이다.

타의적으로 인내를 강요받는 사람들은 언제나 화가 나 있다. 그들의 가슴속에는 억울함과 분노가 가득하다. 이러한 분노는 작은 자극에도 과하게 폭발할 수 있으며, 반드시 희생자를 만든다.

공기가 팽만한 풍선은 힘으로 누른다고 해서 그 공기가 없어지지 않는다. 그 부분에 공기가 없어지는 대신 옆에서는 더 많은 공기가 분출되며, 풍선은 이내 터져 버려 너덜너덜해지고 말 것이다.

욕망

 욕구가 동물적 본능이라면 욕망은 인간의 사회적 본능이다. 사회적 생명을 유지하기 위한 인간의 욕망은 도덕성과도 무관하지 않다. 어떤 사람의 도덕성을 알고 싶다면 그 사람이 인간의 기본적인 욕구들을 해소하는 방법을 관찰해 보면 도움이 된다. 자신의 욕구만 지나치게 중요시한 나머지 타인의 권리를 배려하지 못한다거나, 타인을 자신의 욕구 해소의 도구로 이용하는 사람, 또 자신의 주관적 신념 때문에 자신 또는 타인의 욕구를 부정하는 사람들은 아무래도 도덕성이 뛰어나다고 할 수 없다.
 충족되지 못한 욕구는 욕망이 되어 원래의 모습을 감추어 버리고, 아슬아슬하게 버티어 간다. 사회 속에서 타자와 관계 맺으며 살아가는 우리는 나의 욕망뿐만 아니라, 타인의 욕망 또한 고려하지 않을 수 없다. 그리고 나와 타자의 욕망에 대한 인식과 대처가 존중, 배려, 공감, 더 나아가 정의감의 성장에 영향을 준다.

 모든 동물에게는 기본적인 세 가지 욕구가 있다. 식욕, 수면욕, 성욕이 그것이다. 그리고 인간 또한 동물의 하나이기 때문에 이 세 가지 기본 욕구에서 벗어나는 것은 쉬운 일이 아니다.

그렇다면 이 기본 욕구들과 결혼 상대를 고려하는 것의 연관성은 대체 무엇일까. 앞서 말한 것처럼, 상대의 인격이 궁금하다면 이 세 가지 기본 욕구들을 어떤 방식으로 해소하는지를 보면 된다. 하지만 그렇다고 사람을 시험해 보는 것은 당신의 인격의 낮음을 대변하는 것이므로 이를 위해서는 의도되지 않은 상황들을 관찰해 보는 것이 좋다.

어떤 사람은 자신과 타인의 욕구를 인정하며 존중하고, 서로의 욕구 해소를 위해 배려하며 그렇게 순탄한 연애/결혼 생활을 해 나간다. 하지만 어떤 사람은 자신의 욕구를 감추려 하다가 그것이 과도한 욕망으로 변질되어, 타인의 그것을 전혀 고려할 수 없을 정도로 긴박해진 나머지, 상대에게 자신의 욕망을 위해 희생할 것을 요구하기도 한다. 이것은 욕망의 정도의 차이라기보다는 도덕성의 차이이다.

예를 들어, 여성은 성욕이 없다거나, 남성은 성욕을 참을 수 없다는 유언비어는 더 이상 세상에 나와서는 안 될 말이다. 욕망이 없는 것같이 보이는 이유는 그것이 수용되지 못함을 알기에 스스로 드러내지 못할 뿐이며, 욕망을 참지 못하는 것같이 보이는 이유는 참지 않는 것을 용인해 주었기 때문일 뿐이다.

연애와 결혼에 앞서 우리는 흔히 '속궁합'이라는 것을 논한다. 사전적 의미에서 속궁합은 '두 사람의 성생활 만족도'라고 한다. 여기서 우리가 생각해 봐야 할 부분은 그 '만족도'라는 것을 결정하는 것이 무엇인가 하는 것이다.

어떤 사람들은 구조적이거나 기술적인 이야기를 하기도 한다. 그러나 사실 더 중요한 것은 "욕구"의 양적 차이이다. 충족되지 못한 욕구는 전혀 다른 모습의 욕망으로 변해 버리며, 일단 사람이 욕망에 사로잡히면 이성을 잃어버리기 쉽기 때문이다.

.

식욕이나 수면욕처럼 성욕 또한 사람에 따른 욕구의 양적인 차이가 분명히 존재한다. 유난히 식탐이 강한 사람, 유난히 잠이 많은 사람이 있는가 하면 성욕도 마찬가지다. 따라서 (속궁합을 중요시하는 것에 동의한다면) 장기간의 연애 또는 결혼 생활을 유지하기 위해서는 구조적이거나 방법적인 문제 보다는 욕구의 정도 차이에 우선 주목해야 한다.

식욕을 해소하기 위해 우리는 먹는 행위를 필요로 한다. 수면욕을 해소하기 위해서는 우리는 잠을 잔다. 하지만 '먹는' 행위와 '잠을 자는' 행위는 특별히 파트너를 필요로 하지 않으며, 그 파트너가 반드시 배우자일 필요도 없다.

친구와 만나서 밥을 먹을 수도 있고, 바쁠 때는 혼자서 햄버거를 먹을 수도 있다. 잠을 자는 것은 누군가와 함께할 수 있는 종류의 행위가 아니다. 잠에 들면 옆에 누가 있는지 우리는 인지하지 못한다. 자장가를 불러 주는 엄마가 옆에 있어도 잠에 드는 순간부터 아기는 혼자이다.

하지만 성욕은 그 성질이 다르다. 성욕을 해소하는 행위는 우리가 배우자를 선택하는 데에서도 큰 부분을 차지한다. 성욕을 다른 욕구와 조금 다르게 생각할 수밖에 없는 이유가 여기에 있다. 만약 이 부분을 고려하지 않는다면 시간이 지남에 따라 문제가 생길 수 있다. 우리는 결혼을 결정할 때 서로의 성적 욕구까지도 함께할 것을 약속하기 때문이다.

이 욕구의 정도의 차이가 심하면 우리는 상대방에게 의도치 않게 학대를 가하게 된다. 인간의 기본적인 욕구를 부정하는 것을 넘어 욕구 해소를 막는 것은 엄연한 학대이기 때문이다. 그런 폭력적인 생활은 건강한 삶을 지속시킬 수 없다. 그리고 지속된다고 해도 그것은 지금도 좋지 않고 나중에도 좋지 않으며, 나도 좋지 않고 너도 좋지 않다.

문제는 많은 사람들이 스스로의 성적 욕구를 부정하며 살아왔다는 것에 있다. 특히 여성들은 전통적으로 자신들의 성적 욕구를 용인받지 못하는 사회 분위기 속에 살아왔다. 그래서 이들은 자신의 성적 욕구를 회피하거나 검열하는 데에 아주 편안함을 느낀다. 그리고 배우자를 나와 동일시해 버린 그들은 자신도 모르는 사이 습관적으로 그들의 욕구까지도 부정하게 될 수도 있다.

이러한 것들에 대한 사전적 이해가 없다면 그로 인한 마찰은 피할 수 없다. 서로 부대끼면서 만들어 가는 것이 삶의 조화이며, 조화롭게 살아가는 것이 잘 사는 것이라고 한다면, 우리는 잘 살기 위해서 어느 정도의 역사적, 환경적, 그리고 인간의 본성과 심리적 이해가 필요하다. 결혼의 시작은 낭만적 사랑을 기초로 하여도, 행복한 결혼 생활의 유지는 낭만적인 사랑이라기보다는 친밀하고 편안한 현실적 사랑이기 때문이다.

가치관

인간은 주체적으로 자신의 삶을 만들어 가는 존재이다. 따라서 우리의 배우자가 우리와 인생이라는 항해를 함께하기 위해서는 필연적으로 향하는 방향이 같아야 한다. 밀고 당기는 것이 필요하다고 해서 평생을 줄다리기하듯 살 수는 없다. 팽팽한 긴장감 속에서 늘 무엇과 부딪히며 살아간다는 것은 굉장한 에너지가 소모되기 때문이다.

서로 다른 것을 지향하는 사람들은 때로 함께하는 것이 고통스럽다. 내가 그에게 동화될 수도 없으며, 그렇다고 그를 나에게 동화시킬 능력도 없는 우리에게는 서로를 그 모습 그대로 존중하는 것이 유일한 공존의 방법이다. 왜냐하면 우리는 상대의 지향이 잘못되었다 단정할 수도, 나의 지향이 옳다고 장담할 수도 없는 불완전한 존재이기 때문이다. 온전히 타인이 되어, 그들의 삶을 살아볼 수 없는 우리는 언제나 그들을 있는 그대로 존중해 주는 수밖에는 없다.

카페에서 일이나 공부를 하는 것에 대한 평가는 양극으로 나뉜다. 인지심리나 뇌과학에서는 카페에서 일이나 공부가 잘되는 것은 뇌의 착각일 뿐이라는 의견을 가지고 있는 것 같다. 또 건축·공간학에서는 이에 대해 인간이 지향하는 본성적 자율성에 대한 이야기를 하는 것 같다.

우선, 건축물이나 공간 인테리어가 인간의 삶에서 의미 있는 요소가 되는 이유는 그것이 인간 삶에 심리적 편안함과 안정감을 주는 방식으로, 우리의 삶에 도움을 주기 때문이다. 그래서 그들이 공간을 설계하는 방향은 늘 같다. 보다 더 인간 생활의 편리함과 편안함을 추구하는 것이다. 두려움이나 불안감을 유발하는 설계를 일부러 유도하는 사람은 없다. 손님들이 오래 머물지 못하게 할 의도로 스탠딩 석이나, 불편한 의자를 의도적으로 제공하는 경우는 더러 있지만 이것 또한 콘셉트이며 전략으로 인간의 삶을 위한 설계의 일부이다.

사람들이 일이나 공부를 위한 장소로 카페를 선택하는 이유는 무엇일까? 인문학적인 시각으로는 두 가지 정도의 원인을 찾아볼 수 있을 것 같다. 하나는 카페에서의 일면식 없는 사람들과의 무관심한 관계에서 오는 편안함이다. 카페에 모인 이들은 친분이 없기 때문에 서로에게 관여하지 않으면서도 모두 혼자만의 시간을 존중받기를 원하는 사람들이기에, 타인의 시간 또한 존중하고 배려한다.

카페는 서로가 개인의 사적 영역을 침범하지 않으려 노력해야 하는 암묵적인 규칙이 있는 공간이다. 타인에게 불쾌감을 줄 정도의 큰 목소리로 대화를 하는 사람들도 더러 있지만 대개는 대화를 할 수 있는 좌석과 혼자인 사람들이 일이나 공부를 하며 이용할 수 있는 좌석이 분리되어 있는 경우가 많다.

또한 그 공간에 모인 사람들은 서로에게 관심이 없으면서도 커피와 더불어 그 공간을 좋아한다는 공감대가 있는 한시적 공동체이다. 서로가 느끼는 독립감과 자유를 공감하는 이러한 따뜻한 무관심은 아마도 성숙한 인간이 지향하는 대인 관계 방식 중 하나일지 모른다.
독립성을 지향하지 않으며, 사적인 영역조차도 공유하고 싶어 하는 사람들은 대개 혼자 있는 시간을 괴로워하며, 홀로 카페에서 일을 하기보다는, 여럿이 함께 일을 하는 것을 선호한다.

우리가 일이나 공부를 하는 장소로 카페를 선택하는 또 한 가지 이유는 아마도 기꺼이 우리를 존중해 주는 인테리어와 종업원의 서비스 때문일 것이다. 우리가 카페에 가면 편안함을 느끼는 이유는 인간이 심리적으로 편안함을 느끼도록 조성된 조명과 가구가 배치되어 있기 때문이다. 가정집이라면 실용성 없다는 이유로 천덕꾸러기가 될지 모를 흐릿한 조명과 몸이 축 늘어지는 푹신한 소파, 줄줄이 늘어서 있는 피규어나, 작은 화분들은 카페만의 전유물이다.

사람은 존중받고 지지받을 때 그가 가진 능력이 최대한으로 발휘된다. 카페는 공간적인 방법으로써 우리를 존중해 주고, 카페 직원은 말과 행동으로써 우리를 존중해 주며(불친절한 이들도 있지만), 그곳의 암묵적인 규칙들은 강제적이지 않기에, 나의 자율성을 존중해 주며, 나의 주의 깊은 행동은 스스로의 가치를 대변해준다. 그럼으로써 카페는 우리에게 자아 효능감마저 불러 일으키고, 보다 더 생산적이고 효율적인 우리 자신이 되도록 유도한다.

하지만 이것은 선후 관계가 명확하지 않은 문제일 수 있다. 이미 자아에 대한 존중감과 효능감이 있는 사람이기 때문에 홀로 카페에 가서 공부나 일을 할 수 있는 것인지, 아니면 카페에서 일이나 공부를 했기 때문에 자기 효능감이 높아진 것인지는 단정 지어 말할 수 없다. 하지만 카페가 우리에게 우리가 진정 원하는 관계를 상기시켜 준다는 점은 분명하다.

이렇게 무엇을 지향하는지는 그 사람의 삶의 방식에 영향을 준다. 혼자서 조용히 카페에서 일을 하고 싶은 사람과 여럿이 떠들썩한 곳에서 일을 하고 싶은 사람은 함께하기가 힘들다. 혼자인 나라면 나의 지향성만을 존중해도 괜찮지만, 결혼은 그렇지 않다.
 이기적이거나 허영스럽지 않은 진실된 파트너로서 함께하기 위해서는 서로가 지향하는 바와 가치 있게 여기는 것이 같아야 한다.

IV
How
(결혼을 하든, 하지 않든) 어떻게 살아야 하는가

깨어 있음(awakeness)의 차원에서

자신을 잃어버린 사람들

어느 전통 시장 어귀에 한 남자가 쪼그리고 앉아서 울고 있었다. 그가 우는 이유는 그가 계속해서 먹고 있는 매운 고추 때문이었다. 그는 매워서 우는 것이었고 울면서 매운 고추를 끊임없이 먹고 있었다. 그의 기이한 행동을 보다 못한 한 상인이 그에게 물었다 "이보슈, 아니 매워서 울고 있으면서 왜 계속 매운 고추는 먹는 거요?" 그러자 그가 울면서 대답했다. "혹시 안 매운 고추가 있을지 모르잖아요"

- 술취한 코끼리 길들이기 中 -

우리는 어쩌면 나를 괴롭게 하는 것들에 무모하게 맞서고 있는 것인지도 모른다. 내가 극복해야 할 사람은 그들이 아니라 나 자신일지 모른다.

문제가 있는 곳에는 언제나 해결책이 있고, 그렇기 때문에 때로 문제의 답은 내 안에 있다. 문제를 해결하기 위해서 우리는 그곳을 벗어나 볼 필요가 있으며, 내 안에서 정답을 좀처럼 찾을 수 없다면 문제를 다른 관점으로 바라볼 필요도 있다.

모든 일의 원인을 나의 탓으로 돌리는 것은 신경증적이다. 하지만 그것들을 모두 남의 탓으로 돌리는 것도 성격의 이상(strange)이다. 우리는 언제나 양극으로만 치우쳐져 있다. 사태를 객관적으로 볼 수 있는 방법은 지금 나의 위치와 상태를 파악해 보는 것이다. 지나치게 한쪽으로 치우쳐져 있다면, 우리는 앞으로 나아갈 힘을 받지 못한다. 우리가 만약 잃어버린 균형을 찾느라 모든 힘을 소진해 버린다면 정작 내가 가고자 하는 곳에는 닿을 수가 없다. 그리고 그것은 결국 나의 자유를 스스로 그곳에 매어 놓는 일이 된다.

물은 위에서 아래로 끊임없이 흐른다. 시냇물은 그 앞에 큰 바위가 놓여 있다 해서 그것에 막혀 흐를 수 없다고 좌절하지 않는다. 또한 그것은 바위가 없을 것을 기대하지도 않으며, 그 앞에 장애물이 나타난다 해도 옆으로 비껴가면 그만이다. 바위가 없는 시냇가는 있을 수 없다. 삶에서는 어떤 일이든 일어날 수 있고, 우리는 그것을 어떻게든 스쳐 지나가야만 한다. 그리고 그것은 어떻게든 우리를 지나갈 것이다. 우리는 바위가 놓여 있다고 멈추지 않는 물처럼 살아야 한다.

한 아이가 길을 걷고 있었다. 하지만 그 아이는 앞이 보이지 않아 두려운 나머지 지나가는 모든 사람들의 바지 끄덩이를 잡고 울먹거렸다. 어떤 이들은 아이를 동정하며 그가 가는 길에 잠시나마 손을 잡아 주었고, 어떤 이는 아이를 업어다 주었다. 그런데 갑자기 아이 옆을 지나던 강아지가 아이를 향해 짖으며 꼬리를 흔들었다. 강아지는 아이의 가능성을 느낀 것이었다.

아이는 강아지의 모습이 궁금했고 강아지와 함께 놀고 싶었다. 하지만 아이는 앞이 보이지 않아 강아지를 찾을 수 없었다. 하지만 강아지는 끈질기게 아이를 향해 짖어 주었고 아이는 강아지가 너무나 궁금했던 나머지 마침내 용기를 내어 스스로 눈을 떠서 강아지를 보게 되었다. 강아지 덕분에 아이는 이제 누구의 도움 없이 길을 걸을 수 있게 되었으며, 강아지뿐만 아니라 길가에 핀 꽃들과도 친구가 될 수 있었다.

우리는 저 눈을 감아 버린 아이처럼 스스로 눈을 뜰 수 있다는 것을 믿지 못해 필요 이상으로 힘들고 외로운 길을 걷곤 한다. 그들의 마음은 양극단으로만 치우치고 신체의 눈은 뜨고 있지만, 아직 마음의 눈은 떠지지 않았다.

꿈속을 헤매는 사람이나 환상 속에서 사는 사람들은 언젠가는 깨어나야 한다. 깨어 있지 않은 채로 할 수 있는 것은 없다. 하지만 우리는 한동안은 깨어 있지 못한 채로 살게 될지도 모른다. 아이를 깨워 준 강아지처럼, 내가 스스로 깰 의지를 가질 수 있도록 우리도 우리를 도와줄 누군가가 필요할지도 모른다. 하지만 도움이 필요한 것은 나뿐만이 아니다.

깨어 있지 못한 사람은 자기 자신을 잃어버린 사람이다. 그들은 현실을 마주하는 것이 고통스러워 스스로 눈을 감아 버렸고 불완전한 자신을 수용하지 못해 자신을 버리고 떠나 버렸다. 그들은 언제나 지나간 과거를 후회하고, 알 수 없는 미래를 불안해하느라, 유일한 실재인 현재를 보지 못한다. 그래서 당연하게도 그곳에 존재하고 있는 온전한 자신에게 집중하지 못한다.

지금-여기, 내가 있다

영어 듣기 평가에서는 지나간 문제에 대한 미련을 버리지 못하면 그 이후의 모든 문제 풀이가 밀리고 만다. 그렇게 확신 없었던 과거를 곱씹고 있는 동안 다음 문제는 이미 흘러나오며, 과거를 후회하다가 놓친 현재는 또다시 과거가 되어, 현재를 잡아먹는다.

현재를 잠식당한 우리는 텅 빈 육체만을 지닌 채, 세상의 바람에 몸을 내맡긴다. 그때의 우리는 갈 곳을 잃고 방황하며, 그때 우리는 존재하지도, 존재하지 않는 것도 아니다.

우리의 육체는 오직 현재에만 존재할 수 있다. 그래서 그보다 조금 더 자유로운 우리의 정신은 마땅히 그것을 배려해야 한다. 조금 더 자유로운 것이, 그렇지 못한 것을 배려할 때에만 우리는 함께 존재할 수 있다. 만일 우리가 육체의 유능함에 도취되어 버린다면 우리는 정신을 놓쳐 버리고 말 것이다. 그러나 이들은 함께 있어야만 온전한 내가 될 수 있다.

수시로 변화하는 삶에서 중심을 잡을 수 있는 비밀은 현재에 집중하는 것이다. 현재의 나에서 시작하여 현재의 내 주위에서 일어나는 일들, 더 나아가 현재 나를 둘러싸고 있는 사람들과 그들이 붙잡고 있는 다양한 것들을 관찰함으로써 늘 변화하는 세상 속에서도 중심을 잃지 않고 안정적으로 자유로운 항해를 할 수 있을 것이다. 그러나 그 중심에는 언제나 지금-여기에 선 내가 있어야 한다.

우리가 대인 관계에서 겪는 어려움은 대개 자신의 감정을 필터 없이 던져대는 상대방의 무례함 때문이다. 또한 그것은 무리한 요구를 거절하지 못하는 우리의 두려움 때문이기도 하다. 하지만 우리는 나를 지켜 내기 위해 좀 더 용기를 내야 한다. 필터 없이 던져진 감정은 나의 마음의 창(눈동자)을 통해 반사해 주면 되고, 이미 나를 존중하지 않고 배려하지 않는 무리한 요구는 나의 자존감을 위해 거절해 주는 것이 마땅하다. 그리고 그렇게 해야만 우리는 지금-여기에 온전히 존재할 수 있다.

우리가 신이 아닌 한, 우리는 모든 사람들의 모든 것을 품어 줄 수는 없다. 언제, 어느 곳에서라도 좋은 사람이고 싶은 우리들은 가끔씩 그 사실을 잊어버리는 것 같다. 하지만 과도한 친절은 서로에게 파괴적이며 타인의 영역까지도 넘보는 그 마음은 교만으로 흐를 것이다.

"나나 잘하자"

우리는 모든 사람들을 나의 삶의 기술을 연마하기 위한 스승으로서 받아들여야 하는 것은 아니다. 온전히 현재에 존재하고 있지 못한 사람들은 종종 우리에게 과거에 대한 죄책감과 미래에 대한 두려움을 심어준다. 하지만 그것은 세상에 대한 객관적 사실이기보다는 나에게서 자신의 불안을 반복 재생하고 싶은 그들의 횡포에 불과할 뿐이다.

반대로 현재에 온전히 존재하는 사람들은 불안해하는 우리를 현재로 끌어당긴다. 그들은 이미 현재에 사는 것이 얼마나 자유로운 것인지 알기 때문이다. 그래서 우리에게 중요한 것은 그가 어디에 살고 있는가 하는 것이다. 현재에 살고 있는 사람들은 우리가 과거로 돌아가려 할 때, 돌아오라고 손짓을 해 줄 수 있다.

라떼님에게…
지금은 그때가 아닙니다. 그리고 그때의 당신이 옳았다는 근거는 어디에도 없으니, 시대에 뒤처진 사람이 되고 싶지 않다면 먼저 가지 말고, 함께 가시지요. 그리고 이제는 우리 때입니다. 그러니 이제는 우리가 앞장서겠습니다. 우리가 그랬던 것처럼, 이제 당신도 우리를 믿고 따라와 주세요. 우리는 더 이상 아이가 아닙니다.

현재에 존재하지 못하는 사람은 항상 외롭다. 이미 끝나 버린 과거와 아직 시작되지 않은 미래는 활성화된 창이 아니다.

그렇기 때문에 그곳에는 살아 있는 사람이 아무도 없다. 그래서 그곳에 머무는 한 언제나 그들은 혼자일 수밖에 없다. 늘 외롭다는 그들에게 우리는 지금 어디에서 헤매고 있는지 물어 주어야 하며, 어서 지금-여기로 돌아오라고 손짓해 주는 것이 필요하다.

변화해야 변하지 않는다

 어느 날 아이는 나에게 "수학 문제는 많이 풀어 보면 잘 풀 수 있는데, 왜 인간관계는 아무리 해봐도 잘하게 되지 않느냐"고 물었다. 나는 속으로 대체 인간관계를 얼마나 해 봤다고 '아무리'라는 말을 할 수 있는 것인지 묻고 싶었지만 그렇게 하기에는 나는 가볍게 지껄여진 핀잔이 초래하는 수치감과 모멸감의 폐해를 걱정하는 사람이었다. 그리고 그것은 문제를 해결하는 것이 아니라, 오히려 새로운 문제를 야기할 것이기에 나는 그에 대해서는 말하지 않기로 했다.

 인간관계가 많이 경험해 볼수록 잘하게 되는 것이라면, 시간의 흐름과 더해지는 나이에 따라 우리는 그것으로부터 자유로워져야 한다. 혹자는 경험의 누적만이 자신만의 전략을 만들어 줄 수 있다고 주장하지만 그들이 놓치고 있는 것은 상처와 트라우마는 쌓이고 쌓여서 우리를 앞으로 나아가지 못하게 만든다는 사실이다.
 어쩌면 정확히 우리가 문제라고 생각하는 것은 인간관계 자체가 아니라, 좋은 관계를 망치는 우리의 습관이며, 무엇이 진짜 나인가 하는 정체성의 문제인지 모른다. 그리고 무엇보다 정직하고 신뢰할 수 있어야 하는 것이 인간관계라고 할 때, 인간관계에서 잔머리를 굴리는 것만큼 우리의 인간관계를 스스로 망치는 나쁜 습관은 없을 것이다.

한 길 물속은 알아도, 사람 마음속은 알 수 없다고 한다. 하지만 이 말은 사람의 마음속을 알 수 없다는 것이 핵심이 아니라, 사람의 마음은 물속의 땅과 다르게 볼 수 있는 성질의 것이 아니라는 것이 핵심이다. 그리고 이 말은 볼 수 없는 사람의 마음은 느낄 수밖에 없다는 의미를 내포한다.

또한 사람의 마음은 물속의 땅처럼 늘 그대로이기보다는 그 마음을 담고 있는 몸의 상태와 외부의 환경에 의해 늘 변화하는 것처럼 보인다. 그리고 변화하는 것은 순간을 포착할 수 있을 뿐이며, 그 찰나는 영원하지 않다.

변화하는 것은 변화하는 것으로만 파악할 수 있다. 하지만 변화한다는 것은 불안한 변덕은 아니다. 언제나 한결같은 사람도 늘 성장하고 있으며 살아 있는 것은 한순간도 멈춰 있을 수 없다. 살아 있는 것은 언제나 성장하지 않으면 변질되기 쉽기 때문이다.

수학 문제는 변하지 않는다. 1 더하기 1이 2가 아닌 적은 없으며, 앞으로도 없을 것이다. 그러나 인간의 마음은 늘 '그렇구나' 하면 이내 '아니구나' 싶다. 늘 변화하는 것은 무엇으로도 규정할 수 없으며 그것을 규정하려고 하는 순간 우리는 혼란스러워진다.

하지만 혼란을 일으키는 것은 늘 변화하는 그것이 아니라, 변화하는 것을 변화하지 못하게 잡으려 하는 우리의 마음이다. 그리고 이 마음은 욕심이라는 옷을 입고, 나와 우리 모두를 괴롭힌다.

  변화하는 인간의 마음은 변화하는 마음으로만 읽을 수 있다. 하지만 정확히 변화하는 것은 마음이 아니라, 감정이다. 그리고 내 감정의 변화조차 인정하지 못하는 사람은 타인의 감정의 변화를 생각할 수조차 없다. 타인의 감정의 변화를 받아들이지 못하는 사람은 늘 변화하는 그들에 의해 혼란스러워질 뿐이다.

  늘 변화하는 그 마음은 변덕이나 이기심이 아니라, 성장이다. 그렇기 때문에 변화하지 않길 바라는 것은 성장하지 않길 바라는 것과 같으며, 이렇게 자신과 타인의 성장을 가로막는 그들의 기대는 언제나 좌절과 실망을 가져오고, 그 좌절과 실망은 결국 성난 마음으로 돌변한다.

  나의 불안을 잠재우기 위해 변화하는 외부의 것들을 잡아 두려는 마음은 위험하다. 스스로 성장하지 못하는 사람들은 자주 다른 이들의 성장 또한 막아선다. 함께 있으면 불안하지 않을 수 있을 것 같기 때문이다. 그리고 변화하지 않는 것이 더 안전하게 느껴지는 것은 이미 변화가 주는 두려움에 발목 잡혀 있기 때문이다.

  변화하지 못하면 성장하지 못하고, 성장하지 못하면 늘 변화하는 세상과 호흡할 수 없다. 변화하는 것은 집착이 아닌, 포착만 할 수 있을 뿐이며 변화하는 그대로를 받아들여야 한다. 그 변화의 흐름을 함께 타지 못하는 사람은 삶에서 늘 소외된 채, 불안에 떨고 있다.

우리는 언제나 낡은 포도주 자루를 쥔 채 새로운 포도주에 직면해 있다. 우리는 항상 선택해야만 한다. 새 포도주를 늘 담아 두던 낡은 자루에 담을 것인지, 아니면 새로운 자루를 창조해 낼 것인지 말이다. 우리는 반드시 어느 쪽이든 한 가지를 선택해야 하며, 그에 대한 책임도 스스로 져야 한다.

새로운 포도주 자루를 창조해 내는 것은 어렵지만 그렇다고 낡은 자루에 새 포도주를 담는 것은 위험하다. 그 낡은 자루는 이내 터져 버려 새 포도주를 잃을 수 있으며, 철 지난 포도주의 맛과 뒤섞여 새 포도주의 맛을 변질시킬 것이기 때문이다. 새로운 포도주는 과거의 그것들과 분리되어야 하며, 그래야 그 고유의 맛을 지킬 수 있다.

하지만 정말이지 새 포도주 자루를 창조해 내는 일은 쉽지 않다. 그래서 우리는 자주, 그것을 포기한 채 과거에 나를 내맡긴다. 과거에게 자신을 내어 준 사람은 뒷걸음만 칠 수 있을 뿐이다. 이미 힘을 잃은 과거는 우리에게 해 줄 수 있는 일이 없다. 인간은 늘 변화하는 존재다. 살아 있는 인간은 언제나 동일한 모습이 아니다. 한결같은 사람도 늘 한결같기 위해 고군분투하며 변화하고 있다.

우리는 잠시도 그 모습으로 멈춰 있을 수 없는 세상에서 '관계 맺음'을 통해 나를 규명해 나간다. 인간과의 관계뿐 아니라, 사물, 그리고 자연과의 관계는 늘 변화하는 우리가 우리일 수 있도록 만들어 준다.

관계는 나와 내가 아닌 것의 섞임이다. 우리는 이 섞임을 거부하고서

관계를 만들 수 없다. 하지만 그 섞임 속에서 우리는 각자 살아 있어야만 한다. 섞임은 나를 잃는 것이 아닌, 내가 아닌 것을 하나 더 얻는 것이며, 그 얻음은 소유가 아닌 공유이다.

 우리를 살게 하는 것이 '관계 맺음'이라면 우리는 그것을 위해 나와 내가 아닌 것의 경계를 기꺼이 허물어야만 한다. 하지만 경계를 가져 보지 못한 사람은 허물 수 있는 경계마저 가지고 있지 않다. 나와 세계의 경계를 허물기 위해서 우리는 먼저 그 경계를 지어야만 하며, 자아를 내려놓기 위해서 우리는 먼저 자아를 찾아야 한다.
 차폭의 감을 잡기 위해 앞유리에 붙였던 가이드 스티커는 차폭감이 생긴 운전자에게는 이제는 방해물이 될 것이다. 차폭감을 잡기 위해 스티커를 붙이는 것은 필요하지만, 감이 생긴 뒤에는 그것을 떼어 버려야 한다. 세상과의 사이의 경계도 마찬가지이다.

 나의 세상의 중심은 나다. 너의 세상 또한 네가 중심이어야 한다. 우리의 만남은 나의 세상과 너의 세상의 만남이고, 우리의 관계는 두 세상의 섞임이다. 나는 나를 중심으로 선 채, 나의 세상을 너에게 열어 주고, 너 또한 네가 중심으로 선 채, 너의 세상을 나에게 보여 준다.
 공유한다는 것은 중심을 축으로 한다. 아무리 섞여도 묻혀 버리지 않는 중심 축이 있어야 한다. 그것은 나를 나로서 있게 하며, 너를 너로서 있게 해준다. 섞임의 관계는 혼돈이 아니다. 그것은 단지 조화롭다.

죽음으로써 산다

우리가 알고 있듯이 곰과 호랑이는 사람이 되고자 했다. 그런 그들에게 주어진 수행 임무는 쑥과 마늘을 먹으며 빛이 없는 어둠 속에서 100일을 견디는 것이었다. 또 우리에게 양식을 내어 주는 씨앗은 땅속으로 깊이 파묻혀 빛이 없는 어둠 속에서 잠시 동안 죽어 있어야만 한다. 그럴 때에만 그 씨앗은 푸름을 머금고 새롭게 다시 태어날 수 있다.

죽는다는 것은 다시 산다는 것이며, 다시 살기 위해서는 죽어야만 한다. 이것은 생물학적 죽음을 의미하지 않는다. 새롭게 태어나기 위해서는 이전의 나를 죽여야 한다. 그리고 우리는 죽었다고 생각했을 때 오히려 다시 살아날 기회를 얻을 수 있다는 것을 기억해야 한다.

죽는다는 것은 비극인 것만 같다. 하지만 삶과 죽음 중, 어느 쪽이 정말 비극인지 우리는 알 수 없다. 우리는 정확하지 않은 이 비극을 애도하며 그것을 정화시켜야 한다. 비극으로 끝나는 것이야말로 진짜 비극이기 때문이다.

비극의 슬픔과 애도의 슬픔은 같지 않다. 애도의 슬픔은 카타르시스를 만날 수 있다. 우리는 좀 더 카타르시스를 경험해야 한다. 카타르시스가 흘리는 눈물은 성수와 같다. 그 눈물은 나를 덮고 있던 오물들을 씻어내어 나의 본질을 드러내 줄 것이다.

우리는 슬픔이 뒤집어쓴 과도한 두려움을 경계해야 한다. 나의 마음을 정화시키기 위해서는 우리는 그것을 직면해야 한다. 카타르시스를 느껴보지 못한 사람은 시한폭탄과 같다. 그들은 늘 가슴속에 폭발을 앞둔 분노와 준비된 슬픔을 간직한 채, 웃음으로써 그것들을 감추고자 한다. 하지만 가장 무서운 것은 이들이 타인의 카타르시스마저 두려워하여 그것을 힘으로 짓눌러 버린다는 것이다. 우리는 그렇게 서로가 서로의 마음을 고장 내고 있다.

창조의 힘은 카타르시스에서 온다. 카타르시스, 즉 지금의 나를 정화시키는 작업 없이는 창조의 힘이 저 깊숙한 곳에서 끌어내지지 않는다. 밝음과 어둠은 늘 공존한다. 비극은 우리가 인간 삶의 어두운 면들을 받아들임으로써 밝음으로 새롭게 다시 태어날 수 있도록 한다.
비극은 영웅 이야기와 같다. 정화된 나의 마음은 살아갈 용기를 가져다 주기 때문이다. 이렇게 카타르시스는 우리를 삶의 영웅으로 만들어 줄 수 있다.

비극의 주인공이 처음부터 영웅은 아니다. 하지만 그들은 결국 자신의 삶을 받아들였고 그럼으로써 마침내 영웅이 될 수 있었다. 비극이 카타르시스를 일으키지 못한다면 그것은 단지 슬프고 비통할 뿐이다.

비극은 우리를 정화시켜 줄 때에만 비로소 의미를 갖는다. 그렇기 때문에 인생이 비극이라면 우리는 카타르시스를 느껴야 한다. 그렇지 못하면 우리 자신은 영웅이 되지 못하고 우리의 인생 또한 단지 슬프고 억울하게 끝날 것이다.

자연스럽게(like natuer)

자연스럽게 살다

 삶이 고달픈 이유는 아마도 그것이 자연스러운 현상이 아니기 때문일 것이다. 삶의 기술이 있다면, 이 자연스럽지 않은 삶을 자연스럽게 만드는 기술일 것이다. 인간은 삶의 의미를 찾지 못하면 스스로 인위적인 존재가 되려 하며, 인위적인 것은 언제나 그것을 유지하기 위해 또 다른 인위적인 무언가를 필요로 한다. 인간은 삶의 의미를 필요로 한다는 점에서 이미 야만으로 돌아갈 수 없다.

 인위적인 것들은 때로 우리를 꽤나 불편하게 만들고, 그 불편은 나와 세계 전부를 파괴하기도 한다. 인간이 자연의 불청객이라면 우리는 이 세계를 아무것도 소유하지 않은 채, 소리도 없이 지나쳐 가야만 한다.

 자연스럽게 산다는 것은 어떤 것일까. 나는 마치 원래 있었던 것처럼 존재하고, 원래 없었던 것처럼 사라지는 삶을 상상해 본다. 하지만 내가 원래 없었던 것처럼 사라지는 것은 몰라도, 나의 사람들이 떠나간 빈자리를 원래 없었던 것처럼 만드는 것은 어려운 일이다.

나의 세계의 한 부분이 사라졌을 때, 머지않아 그 빈 공간이 원래 없었던 것처럼 되기 위해서 우리는 '그들이 있는' 차원을 벗어나야만 한다. '그들이 있는' 차원에만 머물렀던 우리는 어느 날 갑자기 그곳을 벗어나야 한다는 사실을 받아들일 수가 없다. 그러므로 우리는 그들이 있을 때조차도 '그들이 없는 차원'에 함께 머물러 볼 필요가 있다.

아기의 주식을 모유에서 우유로 바꾸어야 할 때, 엄마는 아이에게서 모유를 한순간에 단절하는 것은 좋지 않다. 아기가 모유와 우유를 구분하지 않을 때까지 모유와 우유를 동시에 주어 그 낯섦과 허전함을 약하게 만들어야 한다. 그러면 마침내 아기는 우유만으로도 견딜 수 있게 될 것이다.

하지만 그들이 없는 차원을 경험하기 위해 그들을 거부할 필요는 없다. 태어남부터 죽는 날까지 함께할 수 없는 우리들은 함께하는 시간 모두 즐겁고 행복해야 하기 때문이다. 그러면 그 즐겁고 행복한 기운이 남아서 혼자 남은 나에게 손을 내밀어 줄 것이다.

잘해주다

남자들은 친구에게 여자친구가 생겼다는 말을 들으면 예쁘냐부터 묻는다고 한다. 하지만 여자들은 대개 남자친구가 생겼다고 하면 대뜸 잘해주냐고 묻는 경우가 많다고 한다.

하지만 이 질문은 밑도 끝도 없이 혼란만을 일으키는 질문이다. 사람관계가 다 똑같지, 대체 뭘 잘해 주냐는 것일까. 그들이 듣고 싶어하는 대답은 무엇일까. 하지만 우리들은 확실하지도 않은 그 말의 의미를 공유한다.

흔히 상대를 소유하고 싶어 하는 사람들은 맹렬히도 상대를 자신에게 길들이려 한다. 이것, 저것, 삶에서 필요한 모든 것을 대신 해 주어 상대의 의존성을 유도하고, 독립성을 망각시키고자 한다. 하지만 물론 이것은 그들의 의식적인 계획은 아니다.

어떤 사람은 이들을 보며 자신의 이기적인 욕망을 위해 자신과 타인을 기만하는 그 모습을 몹시 불편해 한다. 하지만 어떤 이들은 이것이야말로 사랑이라 인정하여 기꺼이 길들여짐 안으로 들어간다. 하지만 그 헌신은 정직하기보다는 혼란스러우며, 그들은 단지 상대에게 자신의 혼란스러움에 동참해 주기를 기대하는지도 모른다.

  우리는 우리의 세계를 헤집으려 하는 이들로부터 우리 자신을 지켜 낼 필요가 있다. 우리는 순간의 인위로 일어지는 그 "무엇"이 아니다. 그들의 행동은 마치 "너는 사실 살아 있지 않아"라고 말하는 것 같다. 그리고 우리에게 스스로를 버리고 자신들이 만들어 놓은 이미지 속으로 들어오라고 손짓하는 그들은 구토를 유발하기에 충분하다.
  그들은 나를 보면서도 나를 보고 있지 않고 그렇기 때문에 나를 모르며, 그렇기 때문에 나에게 자꾸만 내가 아니기를 요구한다.

  열 번 찍어 안 넘어가는 나무는 없다. 하지만 그렇게 열 번이나 찍어 나무의 생명력을 빼앗은 그들은 이미 악마가 되었다. 그들은 인위적으로 얻은 그 죽어 버린 나무를 안고서 그 속에 자기 자신을 불어넣는다. 그리고는 마치 피그말리온이 된 것처럼 그들은 그 죽은 나무를 사랑한다. 하지만 신화가 아닌 현실에서 죽은 나무가 생명을 얻는 일은 일어나지 않는다.
  찍히는 나무의 입장을 배려하지 못하는 그들의 마음은 이미 빈곤하다. 마음이 빈곤한 사람은 자신의 마음을 챙기는 것이 먼저이다. 그들의 마음이 빈곤해진 것은 애초부터 나무의 탓이 아니므로, 찍혀 넘어가 준 나무라 해도 그들의 빈곤한 마음을 어찌 해 줄 도리는 없다.

  잘해준다는 것이 상대를 존중하고 배려하는 것이라면 그것은 굳이 특별한 것으로 언급될 필요가 없다. 그것은 이미 그 어떤 관계에서도 기본값이 되기 때문이다. 그리고 존중과 배려는 있거나 없을 뿐이며, 더 존중하거나 덜 존중하고, 더 배려하거나 덜 배려하는 것은 있을 수 없다. 더 존중하는 것은 아첨스러우며, 덜 존중하는 것은 존중하지 않는 것과 같다. 더 배려한다는 것은 오지랖일 수 있으며, 덜 배려한다는 것은 미처 배려하지 못함과 같다.

그리고 만약 잘해준다는 것이 쾌락적인 이야기라면, 그것은 도가 지나친 유혹이며, 도가 지나친 유혹은 더 이상 유혹이 아니다.

잘해줌은 기껏 해봐야 '선을 베푼다'는 것 이상은 아니다. 선은 '좋음'이다. 베풀어지는 좋음은 나의 좋음이 아니다. 나의 좋음이 반드시 다른 이들에게도 좋음일 것이라는 착각은 유아적이며, 그것은 나를 교만하게 만든다.

여우는 자신이 좋아하는 접시에 수프를 담아 학에게 대접하는 것을 그만두고, 학의 특성을 고려하여, 학에게 필요한 호리병에 수프를 담는 것이 좋다. 그리고 미처 학에게 맞는 그릇을 준비하지 못했다면 그에 대한 사과의 말로써 그 마음을 전해야 한다. 전해지지 못한 마음은 진실을 외면하고 지나친 오해를 만들기 때문이다.

쓰레기 걸어차기

시대의 변화는 때로, 특정 대상에 대한 혐오감을 만든다. 우리의 부모님들이 우리에게 물려준 것들 중에는 합리적이고 긍정적인 것들 외에 비합리적이고 파괴적인 것들도 많다. 그러나 우리가 그것들을 비난할 수만은 없는 이유는 종종 그것에는 그들의 삶의 고단함과 고통이 배어 있기 때문이다.

하지만 우리가 이해해야 하는 것은 그것을 물려줄 수밖에 없었던 그들의 상황일 뿐이며, 물려받은 그것은 아니다. 그리고 우리는 우리의 삶을 살기 위해 그들의 시대에서만 괜찮았던 그것들을 거부해야 할 의무가 있다.

그때와 지금은 같지 않지만, 이미 그곳에서 고착되어 버린 두려움은 혐오감이 되어 이곳까지 흘러내린다. 우리는 그것이 나의 것이 아니라고 부정할 수 있어야 한다. 그리고 우리는 오래전에 누군가에 의해 바라봐진 세상이 아닌, 지금 여기에서 내 눈으로 바라보는 세상에서 살아야 한다.

자신의 삶을 객관적으로 바라볼 시간이 없었던 이들은 습관적으로 우리에게 그들의 객관적이지 못한 삶을 반복하라고 지시한다. 검열은 언제나 전문가의 몫이다. 그들은 전문가가 아니므로 아무것도 할 수 없다. 하지만 그것은 사실이 아니다.

  그들은 이미 전문가이다. 그들은 자신의 삶의 전문가이지만 선택과 책임을 다하지 않는 숨어 버린 전문가이다. 그들은 무엇이든 할 수 있지만 자신이 할 수 있다는 사실조차 의심하느라 헛된 에너지를 낭비하고 있다. 그리고 그들은 이 때문에 정작 소중하고 중요한 관계들을 지켜 내지 못한다. 그리고 그것을 우리 모두는 반복하고 있다.
  전문가는 틀에 박힌 사람이다. 전체를 보고 싶다면 그 틀에서 어서 나와야 한다. 전문성을 고집하다가는 그곳에 굳어 버린 나머지 흘러가는 시간을 알아채지 못한다. 그러한 착(着)한 사람은 종종 착한 사람의 옷을 입고 착하지 않은 행동을 한다.

  인간은 천사가 아니다. 태생이 불완전한 모든 인간은 천사가 될 수 없다. 인간이 천사 같다는 말은 어디까지나 천사 같은 면이 있다는 것일 뿐이다. 그러나 천사 같은 면을 가진 인간은 반드시 천사 같지 않은 면도 가지고 있어야 한다.
  우리는 인간 천사를 조심해야 한다. 우리 중에는 정말 인간을 초월해 천사가 되고자 하는 이들이 있기 때문이다. 그들이 위험한 이유는 자기 자신조차 속이고 있기 때문이다. 우리는 이미 자신을 속인 사람들에게서 거짓말 탐지기조차 무용해지는 광경을 보았다.

  교만한 사람은 자기 자신에게조차 정직할 수 없기 때문에 다른 사람에게도 정직할 수 없고, 차마 정직할 수 없는 그들은 누구에게도 진심을 보일 수가 없다. 진심을 숨기는 것이 습관이 되어 버린 사람들은 다른 사람들과 원만한 소통을 할 수가 없다. 그것이 가족이라 해도 마찬가지이다. 하지만 인간과 인간 사이에 벌어지는 모든 일은 진실된 소통이 없이는 아무것도 이루어질 수가 없다.

우리는 악마를 조심해야 하는 것과 마찬가지로 천사도 조심해야 한다. 천사가 되고 싶은 사람은 이미 중심을 잃은 사람이기 때문이다. 인간적인 인간은 반드시 좋은 모습과 나쁜 모습이 공존한다. 한쪽으로 치우친 것은 어느 쪽이든 극단적이고, 인간의 극단은 그 자체로 이미 인간답지 못하다.

언제나 과한 것은 모자란 것만 못하다. 이것은 선과 악에서도 마찬가지이다. 일이관지(一以貫之), 세상은 복잡하고 어려워 보이지만 그것을 관통하는 원리는 하나이다. 그 원리가 각기 달라 보이는 것은 그것들이 가진 크기와 모양이 제각각이기 때문이다. 겉모습에 현혹된 사람들은 그 겉모습을 움직이는 원동력을 볼 수 없다.

과도한 선과 과도한 선 없음은 모두 악이다. 우리의 본성이 선할 수 있는 것은 우리가 온전히 서 있을 수 있기 때문이다. 우리가 온전히 우리의 자리에 서 있지 못하면 우리는 선할 수조차 없다. 그럼에도 자신을 버려야만 선할 수 있다 믿는 사람들이 있다면 그들은 선을 오해하고 있는 것이다.

오해된 선은 이미 과하다. 선(line)을 넘은 것은 이미 그것이 아니다. 이들의 선은 이용당하기 쉽고, 왜곡되기 쉽다. 진정한 선은 힘이 있다. 하지만 중간을 벗어난 선은 엉뚱한 곳에 그 힘을 과시한다.

타자를 부정함으로써만 자신을 긍정할 수 있는 사람들은 마음이 건강하지 않다. 건강한 마음을 가진 사람들은 타자를 부정하지 않아도 자신을 긍정할 수 있고, 나와 다른 타자의 의견에 귀를 기울여도 자신의 이야기를 잃을 위험에 빠지지 않는다. 그리고 무엇보다 이들은 타자의 동조 없이도 자신의 내면의 확신에 따라 행동할 수 있는 강인한 사람들이다.

우리의 질풍노도

한동안 자존감 열풍이 불었다. 자존감은 심리학 용어로 알려져 있으며, 전문적 개념의 보편화라는 관점에서 이러한 현상은 사회에 긍정적인 영향을 준다. 하지만 전문 용어는 전문성을 지니는 만큼, 추가적인 설명이 필요하기도 하다. 일반화의 오류를 범하지 않기 위해서는 내가 알고자 하는 것, 그리고 사용하고자 하는 것에 조금 더 관심을 가져보는 것이 좋다.

자존감이란 자신에 대한 존중감, 그러니까 자기 스스로를 중요한(가치 있는) 사람으로 인식하는 것을 말한다. 하지만 자기 자신을 스스로 중요하게 생각한다는 것은 '나도' 중요한 사람임을 의미하는 것이지, '나만' 중요한 사람임을 의미하는 것은 아니다. 나 또는 너만 중요시하는 극단으로의 치우침이 아니라, 나와 너 모두가 동등한 평행선 그 사이의 중간 지점을 말하는 것이다.

자신의 자아를 존중한다는 것은 '나 자신을 상처받도록 내버려 두지 않는다'는 말과 같다. '상처받게 내버려 두지 않는다'는 것은 '나의 자아를 공격하는 것들로부터 그것을 지킨다'는 말이다. 따라서 자아 존중감이란 결국 '내가 나를 지킬 수 있는 능력'을 뜻한다.

　우리가 누군가를 지켜 준다고 하면 가장 먼저 그 대상에게로 향하는 외부 자극을 변별하고 걸러내는 것부터 시작한다. 왜냐하면 사람들이 마구 던져대는 그들의 감정 쓰레기에 노출되면 약한 자아는 속수무책이기 때문이다. 따라서 자아를 지킨다는 것은 무심코 던져지는 돌들을 검열한다는 것이며, 아무거나 받아들이지 않는다는 것이다.
　무심코 던져진 돌을 받았다고 해도 그 돌이 이용 가치가 있다면 호박이 넝쿨째 들어온 것마냥 즐겁게 주워 담을 수도 있겠지만 그것이 무용한 돌멩이라면 그대로 반사시켜 버리거나 몸을 틀어 나를 비껴가게 하면 된다. 그리고 그렇게 하기 위해서는 내 것과 내 것이 아닌 것의 구분이 필요하다.

　하지만 우리 주변에는 날아오는 돌멩이와 쓰레기들을 잔뜩 이고 힘들어하는 사람들이 넘쳐난다. 그들은 스스로의 자아를 지켜 주지 못해 힘들어하고 있는 것이다. 이것은 자존감이 낮다기보다는 단지 나와 타인의 경계를 알지 못하여 그것을 거부할 힘을 내지 못하는 것이다.
　'자아를 지키는' 작업은 '나의 감정과 행동에 책임을 진다'는 말이기도 하다. 나에게 상처 주는 사람을 끊어 내지도 못하면서, 그 사람이 나의 자존감을 짓밟고 있다고 비난만 하는 것은 어리석다. 물리적으로는 끊어낼 수 없다 해도 마음의 거리 두기는 가능하기 때문이다. 이미 뒤틀려 버린 관계에 자꾸만 기대하는 사람들은 그들을 지나치게 과대평가하고 있다.

사람은 누구나 좋은 점과 나쁜 점이 있다. 좋은 점은 인정하되, 나쁜 점이 나에게 자꾸만 상처를 준다면 그것은 좋은 점으로도 상쇄될 수 없다. 자신이 가진 장점으로 단점을 보완할 수 있는 사람은 그 자신뿐이기 때문이다.

누군가 나에게 수치감을 유발하고, 모멸감을 느끼게 한다면, 그리고 그것에 대해 진지하고 구체적으로 대응할 수 없는 상황이라면 어서 그 관계를 멈춰야 한다. 수치감이 들고 마음이 언짢은 것은 나의 유별남이 아니다. 더 이상 나 자신을 그곳에서 상처 받도록 내버려 두지 말아야 한다.

우리는 존중받을 때에만 자신의 가치와 삶의 의미를 느낄 수 있다. 그러나 우리는 타인에게 존중받기 이전에, 스스로에게 먼저 존중받아야 한다. 스스로 존중해야 할 몫까지 타인에게 기대할 수는 없다. 그것은 이루어질 수 없는 바람이다. 이것이 우리가 아무리 칭찬해 주고 사랑해 주어도 자신감 없는 소리만 하는 이유다.

내가 존중받을 수 있는 가장 좋은 방법은 내가 먼저 상대를 존중하는 것이다. 상대를 존중하기 위해서 존중할 만한 이유를 찾을 필요는 없다. 존중에 조건은 없기 때문이다. 존중은 인간관계의 상호 작용에서 원점으로 작용한다. 상대가 나를 존중하지 않는 이유는 대개 자신이 나에게 존중받지 못한다 느끼기 때문이다.

스스로 자신을 존중하는 태도를 보여 주지 못하면서 다른 사람들이 나를 존중해 줄 것을 기대하는 것은 어린아이와 같다. 또 허영심이 많은 사람들은 대개 존중받을 수 있는 것은 사람이 아니라, 돈과 지위, 권력과 화려한 외모라고 생각하기도 한다. 하지만 우리의 가치를 높여 주는 것은 나의 재산이나 지위가 아니라, 자신과 타인을 대하는 나의 태도이다.

스스로를 존중하지 못하는 사람은 세상 모든 것이 불안하고 두렵다. 그리고 그들을 대하는 사람들도 마찬가지로 그들이 불편하고 어렵다. 그 이유는 그들은 자주, 자신을 존중하고 배려해 주는 사람들의 마음까지도 왜곡하기 때문이다.

자존감이라는 단어는 심리학자이기 이전에 이미 철학자였던 윌리엄 제임스에 의해 탄생했다. 이 말은 자존감이라는 용어의 의미가 두 개의 학문에 걸쳐져 있다는 뜻이다. 최근에는 낮아진 자존감을 높이기 위해서 다양한 서적을 찾아보는 사람들이 많다. 하지만 어느 한쪽의 학문에만 의존해서는 낮아진 자존감을 끌어올리는 것에 한계가 있을 수 있다.

우리는 자신의 자존감이 낮다고 말하는 사람들을 많이 본다. 스스로 자존감이 낮은 사람이라고 여기며 자존감이 낮은 상태에 머물고자 하는 것이다. 그것은 머물던 자리에서 벗어나는 것이 두렵기 때문이기도 하며, 동시에 타인의 동정심과 관심에 의존해야만 살아갈 수 있다고 착각하는 두려움에 기인한 생존 방식이다.

자존감이 낮다고 말하는 사람들은 어떤 큰 문제가 있기보다는 단지 살아갈 용기를 잃어버린 사람들이다. 그것이 만성적이건 일시적이건 우리는 그 상태에 머물러야만 하는 것은 아니다. 자신이 자존감이 낮아졌다 생각했다면 우리는 약간의 도움으로 그곳에서 벗어날 수 있다.

　자신에 대한 존중감의 차이는 [불완전성에 대한 수용]에 있다. 모든 인간은 불완전하다. 그렇기 때문에 자신과 타인에게 완전함을 요구하는 것은 불가능하며, 이는 폭력이 될 수 있다. 우리는 언제나 불완전한 인간이라는 이유로 자신과 타인 모두에게 너그러울 필요가 있으며, 겸손은 단지 알면서 모르는 척, 잘하면서 못하는 척, 있는데 없는 척하는 것이 아니라, 자신과 타인의 불완전성을 진정으로 받아들이고, 그것에 공감하는 것이다.

　자신을 존중하지 못하는 사람들은 대부분 불완전한 자신에 대해 좌절한다. 하지만 불완전한 것이 문제가 되는 이유는 불완전하다는 사실 때문이 아니라, 완전함에 대한 환상 때문이다. 하지만 완전함은 허상과도 같다. 우리는 완전한 인간을 알지 못하며, 무엇이든지 잘하는 것처럼 보이는 사람들도 '잘함'을 위해 열심히 노력하고 있을 뿐이다.
　완전해 보이는 그들은 단지 자신이 무엇을 잘하고 무엇을 못 하는지 알 뿐이며, 그렇기 때문에 자신이 잘하는 것을 하고 있을 뿐이다. 그들은 모두 수면 위의 우아한 자태의 백조처럼 수면 아래에서는 정신없이 발장구를 치고 있다. 보이지 않는다고 해서 물에 떠 있기 위한 백조의 노력을 평가 절하할 수는 없다.

　자존감에도 공식이 있다.

$$\text{자존감 공식} = \frac{\text{내가 성취 가능한 것(양)}}{\text{내가 성취하고 싶은 것(양)}}$$

    자존감은 내가 성취할 수 있는 양을 내가 성취하고자 하는 양으로 나눈 것과 같다. 따라서 내가 성취할 수 있는 것보다, 성취하고자 하는 것이 클수록 나의 자존감은 마이너스가 된다.

    내가 성취하고자 하는 양과 실제로 성취할 수 있는 양의 차이는 자기 자신에 대한 이해도가 낮을수록 크다. 충만한 도전 정신과 무모한 자기 학대는 구분되어야 한다.

    자신의 불완전함을 수용하지 못하고 그것에 분노하는 사람들은 마치 자존감이 낮은 것같이 보인다. 자신의 불완전함을 인정하지 못하는 사람은 겸손이라는 너그럽고 여유 있는 태도를 취하기가 힘들다. 하지만 불완전함을 인정하지 않는다고 해서 인간이 완전한 존재가 될 수 있는 것은 아니다. 그렇기 때문에 우리는 그것을 수용해야만 한다.

거꾸로 돌아가는 세상

세상은 거꾸로 돌아간다. 우리는 인정해야 하는 것은 모질게도 거부하면서, 인정하지 말아야 하는 것에는 너무도 관대하다. 우리는 종종 모든 인간에게 동일해야 하는 본성에 대해서는 그렇지 않음을 기꺼이 허용하면서도 다양해야 하는 본질에 대해서는 그것이 나와 같지 않다고 아우성이다.

우리는 모든 것을 있는 그대로 보지 못하는 병에 걸렸다. 깨진 안경을 쓰고 세상을 바라보는 사람은 길을 똑바로 걸어갈 수가 없다.

하지만 우리는 이 거꾸로 돌아가는 세상을 바로잡을 수가 없다. 하염없이 돌고 있는 우리는 도무지 멈추지 못하고 있기 때문이다. 내가 가고 있는 길이 옳은지 확신이 들지 않는다면 일단 정지해야 한다. 하지만 멈추면 도태된다는 두려움에 사로잡힌 우리는 잘못된 길이라도 기꺼이 계속 가기를 희망한다.

살아 있는 것의 원형은 활동이다. 살아 있는 인간의 삶은 시동이 걸린 자동차와 같다. 시동이 걸린 자동차의 원 상태는 진행이다. 우리가 우물쭈물 망설이는 동안에도 자동차는 어디론가 가고 있다.

브레이크에서 발을 떼도 될지 망설여질 때는 잠시 멈춰서 주변을 살펴야 한다. 당황한 나머지 아무 곳에나 힘을 쏟는 것은 나뿐만 아니라, 다른 이들의 삶에도 해가 될 수 있다. 우리는 종종 자신의 몸체의 감을 잡지 못하기 때문이다.

시장통에 쪼그리고 앉아 혹시 모를 맵지 않은 고추를 발견하기 위해, 울음을 참아가며 열심히 매운 고추를 먹고 있는 그 사람과 같이, 우리는 환상 속의 그것을 위해 나의 현재를 기꺼이 저당 잡힌다. 살아 있기에 움직이는 나의 힘을 적절한 곳에 쏟기 위해서는 잠시 멈춰서 그 방향을 설정할 여유가 필요하다.

비상(rise)하며

과거는 과거로 두어야 아름답다

 과거는 힘이 없다. 그러나 현재가 불행한 이들은 자꾸만 과거에 힘을 불어넣으려고 안달이다. 좋았던 과거에 갇혀 버린 사람도, 불행했던 과거에 여전히 사로잡혀 있는 사람도 실제 삶의 장이 펼쳐지는 현재에서는 여전히 깨어나지 못한 사람들이다. 과거를 현재로 끌어오려는 이러한 노력은 우리가 현재에 더욱더 적응하지 못하게 할 뿐이다.
 추억은 단지 과거일 뿐이다. 현재가 불행한 우리들은 자꾸만 추억에 의지하지만 추억 또한 우리를 가두는 과거일 뿐이다. 무엇이든 현재에 집중하지 못하게 만드는 것은 우리를 살게 하지 못한다.

 외할머니의 땅콩 카라멜은 나에게 내가 어떤 사람인지 잊지 않게 잡아 주는 기억이고, 고작 초등학생에게 "너는 왜 사니?"라고 물어 주었던 괴짜 삼촌의 기억은 내가 항상 사는 이유를 상기하도록 나를 잡아 주는 기억이 되었다.
 그러나 비뚤게 걷는 나의 모습을 보며 혀를 끌끌 차던 누군가에 대한 기억은 그 순간의 상처받고 수치스러워진 나에게 나를 잡아 두었고, 만날 때마다 다리 언제 낫느냐 묻던 그 남자의 인위적인 다정함은 그 순간의 철없고 배려없는 과거에 나를 잡아 두었다.

  기도하면 다리가 나을 수 있다고 말하며 나를 전도하려던 어느 선생님의 기억은 특정 종교에 대한 난폭함에 나를 잡아 두었고, 전공에 일관성이 없어서 뭘 하겠다는 것인지 모르겠다던 그 교수의 비난은 그 순간의 무기력하고 한심해진 나에게 나를 잡아 두었다.

  과거에서 상처를 빼면 기억이 된다. 기억은 우리의 현재와 미래의 행복을 가능해 주지만, 상처를 품은 과거는 우리에게 걸림돌이 될 뿐이다. 시간은 흘러 과거는 힘을 잃었고 우리는 더 이상 그것을 위해 아무것도 할 수 없기 때문이다.

  살아갈 힘을 주는 것은 오직 기억이다. 아직 치유되지 못한 상처는 기억조차 되지 못한 채, 과거를 질질 끌고 다닌다. 우리는 질척대는 과거에 붙잡혀서 현재를 놓치고 있으며, 놓쳐 버린 현재는 다시 과거가 되어 우리를 붙잡을 것이다.

  과거는 과거로 두어야 아름답다. 과거의 나와 지금의 나는 같지 않다. 기억을 품은 현재의 나는 더 이상 과거의 내가 아니다. 향기로운 기억은 사라지지 않고 특별한 향으로 여전히 남아 있다. 과거에서 벗어나 온전히 지금 여기에 나로서 살기 위해서 우리는 과거를 그곳에 두고 와야만 한다. 또다시 과거가 되어 버릴 시간들을 아름답게 가꾸어 기억으로 승화시킬 수 있는 시간은 지금뿐이기 때문이다.

잘 살다(well-being)

우리에게 과연 고통이 없는 삶이라든가, 모순이 없는 삶이 있을 수 있을까. 삶에는 끊임없이 우리가 우리의 삶에 주인이 되지 못하도록 방해하는 것들이 나타난다. 삶은 마치, 나에게 어디 한번 버텨 보라고 조롱하는 것 같다.

또 삶은 마치 내가 그것을 포기하기를 바라기라도 하듯, 내가 가려는 방향마다 막아선다. 어떻게 살라고 말해 주지도 않으면서 언제나 "그건 아니"라고만 한다. 하지만 그가 말해 주지 않는 것인지, 내가 알아듣지 못하는 것인지 우리는 확신할 수 없다.

"니가 죽어라, 죽어라 한다고 내가 죽을 것 같냐?"

신이 있다면 세상과 같을 것이다. 세상은 나를 나의 길로 몰아간다. 잘못된 길을 막아서는 것은 신으로 변장된 세상이다. 하지만 우리는 그것을 알아채지 못한다. 나는 마치 궤도 없는 땅바닥의 볼펜 선을 우회하는 개미처럼 무덤덤하게 다른 길을 찾는다. 세상은 그렇게 내가 나의 길을 찾도록 유도한다.

　우리는 다양한 언어를 이해할 수 있어야 한다. 세상은 사방에서 온갖 언어들로 우리에게 메세지를 뿌리고 있다. 시작되지 못한 언어는 통하지 못한다. 통하지 못한 언어는 답답하다. 그리고 답답한 우리들은 언제나 살기가 힘들다.

　자신의 실존(실재 존재함)에 좌절한 사람은 더 이상 살아갈 용기가 없다. 실존에 좌절한다는 것은 자신이 실제로 존재함을 인정하지 못하는 것과 같다. 인간은 고통을 피하고 쾌락을 좇는 단순한 존재가 아니라, 내가 살아야 할 의미를 찾으려는 존재이다. 나의 실존을 부정하는 그들은 악마다. 하지만 그들이 악마가 된 이유 또한 그들 자신의 실존을 부정당했기 때문이다. 우리는 부정에 부정을 더하는 뫼비우스의 띠와 같은 삶을 이대로 계속해야만 하는지 늘 고민한다. 그렇기 때문에 부정된 실존은 잘 살 수가 없다.

　하지만 다른 사람이 부정해도 나는 나를 긍정할 수 있다. 나는 내가 가장 잘 알기 때문이다. 그리고 내가 긍정하는 나는, 곧 따라쟁이인 그들도 긍정해 줄 것이다.

Part 2 Why

우리는 "왜"라는 질문이 필요한 곳에는 그것을 사용하지 못하면서도 그것이 필요치 않은 곳에서는 이에 서슴지 않는 용기를 내곤 한다. 하지만 적절하지 못한 용기는 용기이기보다는 무모함이다.

　바람직하지 않은 것이 양적으로 우세하여 마침내 그것이 옳다거나 정상인 것으로 여겨지는 모순은 우리의 삶에서 늘 나타나는 현상이다. 하지만 우리는 언제까지나 이렇게 거꾸로 돌아가는 세상에서 살 수는 없다. 인간의 본성은 거꾸로 살도록 되어 있지 않다. 그리고 이 거꾸로 돌아가는 세상을 되돌리는 방법은 "왜"라는 물음을 그 시작으로 한다.

　이 파트에서는 그러한 물음에 답을 해 보고자 한다. 결혼을 왜 하는지, 왜 결혼까지 하면서 살아야 하는 것인지 궁금하지 않은가. 그러나 그에 대한 답은 정해져 있지 않다. 단지 함께한 논의로부터 우리 모두가 각자 자신에게 맞는 답을 뽑아낼 수 있다면 그것이 최선일 것이다.

V
사랑을 위하여
사랑이 뭐길래

    어떤 것이 무엇인지 알기 위해서는 그것으로 무엇을 할 수 있을지 생각해 보는 것과 더불어 그것의 없음을 상상해 보는 방법이 꽤 유용하다. 먼저 사랑으로 할 수 있는 것은 무엇일까. 사랑이 할 수 있는 일 중 가장 위대한 것은 아마도 살아갈 용기를 줄 수 있다는 것이 아닐까. 그리고 사랑의 없음 즉 사랑의 부재는 아마도 외로움일 것이다. 외로움은 우리에게서 용기를 앗아가며, 우리가 삶에 대해 머뭇거리게 만드는 주범이니 말이다.

    우리는 타인과 함께 있어도 외로울 수 있다. 상대가 옆에 있다고 해서 반드시 사랑도 함께 있는 것은 아니기 때문이다. 사랑의 존재함은 그 대상에게 달려 있는 것이 아니라, 오히려 내 마음에 달려 있다.

    사랑이 부재한 이유는 우리가 사랑을 오해하고 있기 때문이며, 사실 사랑은 부재하지 않는다. 사랑은 어디에나 존재하지만, 우리는 그 사랑을 알아보지 못한다. 내 눈에 보이지 않는다고 해서 존재하지 않는 것이 아니듯이, 보이지 않는 사랑도 느낄 수 있어야만 우리는 그 사무치는 외로움에서 벗어나 좀 더 자유로워질 수 있다.

사랑의 시작은 자기 자신에 대한 사랑이다. 사랑의 원형은 받는 것이 아니라 주는 것이다. 아직 나 스스로에게조차 사랑을 줘 본 적 없는 사람은 다른 사람에게도 사랑을 줄 능력이 없다. 오히려 그는 자신에게 결핍된 사랑을 메우기 위해 소중한 사람들을 괴롭히고, 나를 대신하여 나에게 사랑을 줄 누군가를 끊임없이 찾아 헤맬 것이다. 하지만 자신에 대한 사랑은 타인이 줄 수 없다. 타인은 기껏해야 자신을 사랑하는 법을 몸소 보여 줄 수 있을 뿐이다.

우리에게 사랑이 부재한 원인은 결코 외부에 있지 않다. 인간에게는 모두 사랑이 존재한다. 우리는 아직 그 사랑을 발견하지 못했을 뿐이다. 발견되지 못한 사랑은 우리에게 용기를 줄 수 없다. 자신의 사랑을 발견하지 못하고 그 큰 사랑을 스스로 감당하지 못하는 사람들은 끊임없이 애정 결핍에 시달린다. 이 억압된 사랑은 스스로를 오해하게 만들고, 스스로 오해된 사랑은 그 멋진 에너지를 발휘하지 못한다.

자신감이 없는 사람이 자신에 대한 애정이 결핍된 사람이라고 한다면, 그 결핍은 오직 자신만이 채울 수 있다. 자신에 대한 감각은 그 누구도 조작해 줄 수 없기 때문이다. 어린아이들은 부모에게서 그것을 배워야만 한다. 그것은 스스로를 배려하고 사랑하는 방법이다. 그것은 조건 없이, 존재 자체로 사랑받는 경험을 함으로써 우리에게 입혀질 수 있다.

그리고 더 이상 아이가 아닌 우리는 이제 평생 스스로를 사랑하고 돌보며 살아가야 한다. 그래서 성인이 된 우리는 이제 그 사랑을 타인에게 기댈 수 없으며, 자기를 사랑하는 방법을 배웠건, 배우지 못했건 이제 우리는 각자의 항해 길에 올랐다. 그래서 늘 안타까운 것은 어린 시절 스스로를 사랑하고 돌보는 방법을 잘 배우지 못한 이들이다.

 자신에 대한 애정의 결핍을 채우기 위한 가장 좋은 방법은 차라리 적절한 방법으로 스스로를 사랑하는 누군가를 관찰하는 것이다. 하지만 우리는 대개 진정 자신을 사랑하는 사람이 누구인지 알지 못한다.
 우리는 서로에게 물고기를 잡아 주는 것이 아닌, 물고기 잡는 방법을 가르쳐 주어야 한다. 하지만 우리가 그럴 수 없는 이유는 동정심과 연민 때문은 아니다. 그것은 오히려 물고기를 잡았다고 칭찬받고 싶거나, 물고기를 잡을 수 있다고 과시하고 싶기 때문이다.
 그리고 어쩌면 그것은 우리 중 누구도 물고기를 잡는 방법을 알지 못하기 때문일 수도 있다. 사실, 우리는 모두 맨땅에 헤딩하여 아주 가끔, 우연히 물고기를 잡았을 뿐이었다.

 사랑은 줄 수만 있다. 받으려는 것은 사랑이 아니라 희생이다. 희생을 얻고자 하는 것은 갑질일 뿐이다. 우리는 서로에게 끝없이 갑질을 한다. 사장이라는 권위를 이용해 직원에게 갑질하고, 고객이라는 권위로 점원에게, 선생이라는 권위로 학생에게, 부모라는 권위로 자식에게, 자식이라는 권위로 부모에게, 사람이라는 이유로 동물에게 갑질한다. 갑질은 상대에게 희생을 요구하는 것에 지나지 않는다. 그런 점에서 타인에게 사랑과 희생을 갈구하는 이들은 단지 그들의 결핍을 드러낼 뿐이다.

갑과 을은 누구인지 명확하지 않다. 부모의 사랑을 거머쥔 우리는 집에서는 갑이고, 점수를 잘 받아야 하는 학교에서는 을이며, 돈을 쓰러 가는 단골 카페나 옷가게에서는 갑이 된 것 같고, 칼을 거머쥔 강도 앞에서는 을이 된 것 같다.

돈이 있다가도 없는 것처럼, 갑이었던 사람도 을이 되고, 을이었던 사람은 갑이 된다. 돈을 쫓아갈 수 없는 것처럼 권위를 쫓아가는 가는 것도 허망하다. 그것은 나를 그것에게 내맡기는 무모한 일이다.

잡을 수 없는 것은 허상과 같다. 허상은 아무런 힘이 없다. 아무런 힘도 없는 허상에 매달려 살아가는 사람들은 더 이상 자신의 존재를 확신할 길이 없다. 그리고 자신의 존재 없이는 그 모든 것이 의미가 없다. 온전한 나에게 뿌리내리지 못한 사람은 미약한 바람에도 파괴될 수 있으며, 삶에서 추락하기 쉽다.

어떤 사람은 매 순간 을이고, 어떤 사람은 매 순간 갑이다. 점수에 연연하는 학생은 교수 앞에서 늘 을이 되고, 부모의 짝사랑을 받고 있는 자녀들은 부모 앞에서 늘 갑이다. 어떤 갑은 자신을 을로 전락시키며, 어떤 을은 자신이 갑이라고 착각한다.

갑과 을은 서로 사랑할 수 없다. 그들은 이미 서로를 존중하지 않고 배려하지 않기 때문이다. 자신의 권위를 유지하기 위한 착취의 방법이 온건하다고 해서 그것이 폭력이 아닌 것은 아니다.

 그들이 허상과도 같은 권위를 잠시라도 내려놓을 수 없는 이유는 그것을 내려놓는 순간, 자신이 없어질 것만 같기 때문이다. 하지만 악착스럽게 잡아야만 내 곁에 머물 수 있다면 그것은 이미 내 것이 아니다. 과도하게 힘을 들여야만 하는 인위로는 자연스럽게 존재할 수 없기 때문이다.
 을은 늘 갑이 두렵고, 갑은 을이 언제나 자신의 권위에 도전하는 것 같아 불안하다. 갑이든 을이든 하루도 편할 날 없이, 늘 불안한 삶을 살기는 마찬가지이다. 권력에 대한 막연한 두려움은 자신의 허영심을 반영하며, 타인보다 우월하고자 하는 욕망은 자신의 마음의 공허함을 드러낼 뿐이다. 그리고 자신을 갑과 을로 규정하는 순간 그의 세상을 보는 시각은 왜곡되며, 더 이상 무엇이 옳고 그른지 판단할 수 없게 된다.

 진정한 갑은 자신의 힘을 잘 알고 있는 사람이다. 자신의 영향력을 과대 해석하지 않으며, 과소평가하지도 않는다. 그렇기 때문에 진정한 갑은 상대에게 미칠 나의 영향력이 선하도록 유도하며, 그것이 폭력이 되지 않도록 상대를 배려하는 사람이다.
 관계에서 갑이 되는 방법은 간단하다. 관계의 주도권은 언제나 먼저 배려하는 자에게 있기 때문이다. 하지만 상대를 배려할 수 있기 위해서는 우선 자신에 대한 배려심이 있어야만 한다. 나조차 배려하지 못해 불안한 우리들은 늘 상대를 먼저 배려하지 못해 을로 전락해 버리고 만다.

사랑은 창조다

사랑이라는 녀석은 야속하게도 존중과 배려 위에서만 머물 수 있다. 연인이든 부부든 부모 자식이든, 갑과 을의 불안이 존재하는 기울어진 관계 속에 사랑은 좀처럼 머물지 못한다. 존중과 배려 없이는 어렵게 생성된 사랑도 곧 무너지고 말며, 의무와 계약을 사랑으로 둔갑시키는 것은 폭력이 될 뿐이다.

자신을 사랑하지 못하는 사람들은 자주, 자신과 같이 사랑의 결핍에 외로워하는 사람들에게 끌린다. 자신과 같은 모습의 사람들을 보면 순간의 안도감에 견딜 수 있을 것 같기 때문이다. 하지만 사람은 살아 '있는' 것을 넘어, 살아 '가야' 하기에, 이런 순간의 위안은 알고 보면 나를 나아가지 못하게 하는 족쇄가 된다.

불안한 이들은 타인의 불안한 마음을 번개처럼 포착해서 물귀신처럼 끌어당긴다. 그리고 그들은 자신과 타인을 동일자로 만들고, 그 속에 자신을 투영한다. 이제 말하지 않아도 그의 마음을 알아야 하는 것은 타인의 의무가 되며, 그들은 이제 자신의 삶의 왜곡된 양식들을 타인에게 주입한다. 그리고 언제까지나 착한 사람이고 싶은 이들은 점점 더 희생을 요구하는 그들에게 자신의 세계를 잠식당하면서도 이들을 손절할 용기를 내지 못한다.

이것은 마치 세상 밖으로 나온 아기가 탯줄의 끊김을 이해하지 못해, 자신과 하나였던 엄마와 더이상 하나가 아니라는 것을 믿지 못하는 것과 같다. 그래서 우리는 나에게서 너를 발견하려 하며, 너에게서 나를 발견하려고 그렇게 애를 쓴다.

자신의 행동 기준을 나에게 강요하는 친구에게 나는 말했다.
"내가 너의 친구인 것은 맞지만, 내가 너는 아니잖니, 그냥 각자의 삶을 살자."

자신의 행동 기준으로 타인의 행동을 평가하는 친구에게 나는 말했다.
"그건 너의 생각이지, 그것이 진리는 아니잖아."

인간은 모두 완벽하지 않다. 인간이 완벽할 수 있다고 여기는 것은 유아적이다. 아기는 스스로 존재하기 위한 행위를 할 수 없으므로 양육자에게 의존해야 한다. 아기가 "우리 엄마도 불완전한 인간이기 때문에 모든 것을 잘할 수는 없으니, 조금 부족해도 이해하자"고 생각할 리는 없다. 하지만 그보다 의식이 발달한 우리들은 그렇게 생각할 수 있고, 마땅히 그래야만 한다. 그것이 불완전한 인간들이 서로 사랑할 수 있는 유일한 방법이기 때문이다.

인간은 불완전하기 때문에 사랑이 필요하다. 불완전하므로 사랑받을 만한 존재가 될 수 없는 것이 아니라, 불완전하기 때문에 사랑이 필요한 것이다. 그래서 참사랑은 불완전한 것에 대한 사랑이다. 우리는 불완전한 것을 사랑할 수 있는 사람이 필요하며, 서로에게 그런 존재가 되어 주어야 한다.

신이 위대한 것은 불완전한 인간을 사랑했기 때문이다. 그리고 여전히 신은 우리에게 우리는 모두 "사랑받기 위해 태어난 사람"이라고 말한다. 하지만 신이 못다 한 말이 있었다. 그것은 모두가 사랑을 받기 위해서는 마찬가지로 모두가 사랑을 주어야 한다는 것이다. 주는 이 없이 받는 이가 있을 수는 없기 때문이다.

불완전한 존재를 사랑하는 것은 쉬운 일이 아니다. 왜냐하면 자신의 불완전함을 감당해냄과 동시에 또 다른 불완전한 존재를 포용하며 사랑한다는 것은 인내력과 동시에 창조력을 필요로 하기 때문이다. 하지만 이 창조는 없는 것에서 있는 것으로의 전환이 아니라, 오히려 이미 있는 것들의 융합, 그리고 재해석이다. 그리고 이를 위해 불완전한 나와 너를 수용할 수 있는 것은 겸손한 사람만이 가능하다.

교만한 마음속에는 사랑이 들어설 자리가 없다. 교만은 마음 자체를 꽁꽁 얼려 버리기 때문이다. 꽁꽁 얼어 버린 마음은 잘 작동하지 못한다. 마음이 작동하지 않는 인간의 행동은 늘 얼이 나가 있다. 얼이 빠진 삶은 기계와 같은 삶이며, 인간으로서의 미(美)가 없다. 교만으로 꽁꽁 얼어 버린 마음을 지닌 사람은 다른 사람에게 사랑을 줄 수 없을 뿐만 아니라, 누군가 나에게 주는 사랑도 얼려 버리고 만다.

　사랑은 어렵다. 무엇이든 창조하는 것은 어려운 일이다. 사랑에서만큼은 물려받은 대로의 방식이 통하지 않는다. 물려 내려오는 족보를 보고 창조를 할 수는 없는 것과 같이, 관습만으로 지킬 수 있는 사랑도 없다.
　사랑의 대상은 살아 있으며, 역동적이다. 상대방의 아픔, 그의 어려움과 부족함까지도 마주하며 그가 그에게 주어진 삶을 용기 있게 감당해 내는 것을 지켜봐 줄 수 있는 용기와 인내야말로 창조적인 사랑이다.
　그래서 사랑은 창조적 활동이며, 그렇기 때문에 사랑은 단지 멈춰 있는 대상을 좋아하는 것 이상이다. 습관으로 나의 몸에 익지 않은 표현들을 만들어 내는 것, 그리고 익숙함에서 빠져나와 상대의 세계로 뛰어드는 것, 그리고 상대와의 정서적 마주침을 회피하지 않는 용기를 내는 활동들이 사랑을 창조해 낸다.

따뜻한 무관심

사랑이 없는 곳에서는 진정한 웃음이 피어나지 않는다. 공허한 미소는 경련을 일으킬 뿐이다. 순수한 웃음은 사랑의 존재 증명이다. 그리고 자신 안의 사랑을 발견해 내지 못하는 사람이 말할 수 있는 곳은 무섭다.

사실 우리는 따뜻한 무관심이 좋다. 때때로 인간은 멀리서 보아야 아름답다. 우리는 밀착되어 부대끼는 관계가 사랑인 줄만 알았다. 그리고 그런 사랑만이 진정한 동반자의 사랑이라 생각했다. 하루에도 몇 시간씩 통화하고, 서로의 사소한 생활까지 알고자 하며, 일일이 보고하고, 보고받아야 하는 관계는 사랑을 주는 것이 아니라, 오히려 사랑을 달라고 아우성치는 것 같다.

친구에게 "이제 그냥 각자 잘 살자"며 이별을 통보했다. 최악의 일방적인 문자 이별 통보였다. 하지만 그때의 나에게는 나의 성숙하지 못함을 지켜보는 것보다 오랜 시간 누적된 불편감을 틀어막고 있는 것이 더 괴로운 일이었다.

다시 돌아간다면 한순간 상처를 주는 대신, 그의 세상에서 내가 조용히 사라져줌을 택할 것이다. 나의 세상과 그의 세상을 분리해 주는 것이 서로를 불편하게 하는 사람들에 대한 최선의 배려인 것 같아서이다.

 더이상 함께할 수 없다고 판단했다면 헤어짐은 피할 수 없는 용기이다. 서로의 세계를 존재하게 해 주고 서로를 살게 하는 것이 아닌, 마땅히 옳은 자신에게 기꺼이 동화되기를 요구하는 폭력적인 관계, 그리고 자신과 다른 타인의 능력을 인정하지 않으려는 사람이라면 그 관계는 이미 파괴적이다.

 지금까지 감사했으며, 이제는 불편한 함께가 아닌 자유로운 혼자인 채로 나의 길을 가겠노라 결정할 수 있었던 것은 내 삶에 대한 최고의 배려였다. 그리고 동시에 이것은 그와 나 모두를 위한 배려이기도 하다. 내가 있어야 타인도 있다. 모든 것에는 때가 있듯이, 만나야 할 때가 있는 것처럼 헤어져야 할 때도 있다. 때를 거스르려는 것은 무모하다. 이것은 선택의 타이밍이라기보다는 나와 너의 상호 작용에 기반한 필연이며, 내가 나의 자아를 보호하는 최선의 방법이다.

 나는 영화를 관람하듯이 나의 삶을 무심히 바라봐 주며, 나만의 창조를 지켜봐 주고, 응원해 주는 사람이 좋다. 관객의 감정을 주무르려는 영화처럼, 늘 나에게 특정 삶의 모습을 연출하려 하고, 나의 능력을 믿어 주지 못하는 사람을 나는 사랑하고 싶지 않다.

 세상에는 원래 그런 것은 없다. '원래'란 종교와 같다. 그것은 알 수 없는 것에 대해 '퉁치는' 말이다. 그것은 인간의 무지와 불완전성을 '인정'하기보다는 그것을 '합리화하는' 교만하고 교활한 말이다.

　인간은 세상 모든 것을 알 수 없다. 하지만 신이 되고 싶은 인간은 언제나 자신들이 알지 못하는 것에 대해 '원래 그런 것'이라고 딱지 붙인다. 교만한 인간이 하는 일이란 고작 그렇다. 사랑 또한 우리가 흔히 생각하는 것처럼 원래 그런 것은 아니다.

　사랑에 종류는 없다. 이성 간의 사랑이 좀 더 특별한 것도 아니다. 사랑은 그 대상에 따라 표현의 방식을 달리할 필요는 있지만 그것은 어디까지나 상대를 배려하는 차원에서일 뿐이다.

위대한 사랑

전지전능한 신이 자신에게 굳이 필요치 않은 인간을 만든 이유는 오직 자신의 넘치는 사랑을 나누어 주기 위해서였다. 인간의 창조 또한 그래야 한다. 우리의 모든 창조는 오직 나에게 넘치는 사랑을 나누어 주기 위함이어야 한다. 결혼은 새로운 나와 새로운 삶을 창조하는 것이다. 나에게 이미 사랑이 넘치지 않는다면 우리는 그 무엇도 창조할 수 없을지 모른다.

인간이 사랑받기 위해 태어났든, 태어났으니 사랑받아야 하든, 인간은 모두 존재 자체로 사랑받아야 한다. 성장을 위해서는 사랑이 필요하며, 그 이유는 인간의 불완전함 때문이다. 그리고 그 불완전함을 보완할 수 있는 유일의 것이 바로 사랑이며, 사랑은 우리가 스스로의 불완전함을 받아들이고, 살아갈 용기를 낼 수 있게 해 주는 마음의 자양분이다. 그렇기 때문에 인간의 불완전함은 사랑받지 못할 이유가 될 수 없다.

우리는 불완전하기 때문에야말로 사랑받아야 하는 것이며, 내가 받은 사랑은 필히 다음 주자에게 넘겨 주어야 한다. 또 다른 성장을 필요로 하는 존재가 있는 곳이 바로 사랑이 있어야 하는 곳이다.

사랑을 나눠 주기 위해 우리는 연애도 하고, 결혼도 하며, 아이도 낳는다. 사랑은 단순히 나의 삶을 반복 재생하는 것이 아니라, 오히려 새로운 삶의 창조이다. 불완전한 내가 불완전한 대상을 사랑하기 위해서 우리는 인간의 불완전함을 뛰어넘어야 한다. 불완전을 뛰어넘는다는 것은 완전해지는 것을 의미하는 것이 아니라, 더 이상 그것에 얽매이지 않는 것을 말한다. 그래서 그 불완전함을 기꺼이 받아들이는 여유는 사랑이다.

인간은 불완전하기 때문에 우리의 삶의 장르는 휴머니즘이다. 인간 보편의 불완전함쯤이야 웃어 넘길 수 있는 여유로운 웃음, 그래서 우리에게는 유머가 필요하다. 우리는 불완전함을 유쾌하게 다루어야 한다. 불완전함 앞에서 모두 평등한 우리는 충분히 서로를 향해 웃음 지을 수 있다. 우리는 모두 불완전하기 때문에 공감할 수 있고, 서로 도울 수 있으며, 함께 웃을 수 있다.

불 이야기

　나는 현재의 삶에 만족하는 삶이면 충분하다. 약간의 불편함과 인간 보편의 불완전함은 나의 삶을 그려가는 데에 그리 큰 문제가 되지는 않는다. 이따금씩 찾아오는 결핍감과 불안감은 나를 움직이게 한다. 내가 움직이지 않으면 내 삶은 나에게 아무런 의미가 없다.
　나의 가슴속에는 불이 있다. 은은하지만 꺼지지 않는 그 불은 언제 어디에서 발현되어 타오를지 알 수 없다. 그 불은 어둠을 밝힐 수도 있고, 누군가를 따뜻하게 해 줄 수도 있으며 때로는 무엇인가를 태워 버릴 수도 있다.
　나는 가끔은 아름답고 가끔은 무서운, 때로는 따뜻하며 때로는 파괴적인 나를 긍정한다. 따뜻하고 아름답다고 해서 우쭐하지 않으며, 뜨겁고 파괴적이라 하여 좌절하지 않는다. 그렇게 나는 나의 모든 것을 긍정하며 적절한 곳에 나의 힘을 사용하려 한다.

　이전의 나는 가슴속의 불을 다루지 못해 늘 스스로 데이곤 했다. 또한 그 공포에 휩싸여 내가 사랑하는 이들을 다치게 하기도 했으며 그 때문에 나는 나 자신에 대해 실망과 좌절을 하기도 했다. 그러나 내가 포기하지 않도록 길을 밝혀 준 것 또한 나의 불이었다.

내가 그 모든 것을 마주하여 화합을 이뤄낼 수 있었던 것은 나에게 이미 조화를 이룬 자신의 불을 내비춰 주었던 사람들 덕분이었다. 이따금씩 나의 불이 따뜻하다며 활짝 웃어 주는 사람들은 내가 나의 불을 다룰 수 있도록 연마하는 원동력이 되었다. 나는 그들을 위해 스스로 나의 불을 조절하는 연습을 했다. 그리고 마침내 보여지는 자였던 나는 어느새 보는 자가 되어서 그들의 기쁨과 슬픔, 아픈 마음과 따뜻한 마음을 모두 보고 느끼며, 그들의 아름다운 마음에 감동하는 사람이 되었다.

우리는 각자 가슴속에 무엇인가 가지고 있다. 그리고 마침내 그것을 잘 다룰 수 있게 될 때, 세상은 우리를 보고 웃어 줄 것이다. 나는 작은 불씨의 마중물이 될 수는 있지만 없는 불을 만들어 줄 수는 없다. 나는 나의 불을 시기하거나 빼앗으려는 사람이 아닌, 불을 감상할 줄 아는 사람을 감상하고 싶다.

결혼은 지금까지와는 다른 무대에 서는 경험이다. 우리의 인생의 두 번째 무대가 시작되는 것이다. 첫 번째 무대가 '혼자인 나'였다면 두 번째 무대는 '함께인 나'라는 것, 그리고 첫 번째 무대는 나의 선택이 아니었지만, 두 번째 무대는 나의 선택이라는 점은 우리에게 더 신중해질 것을 요구한다.

그래서 우리는 앞으로 내가 살아갈 환경이 관습적으로 선택되도록 두거나, 그 선택과 책임을 타인에게 맡겨서는 안 된다. 또 우리는 오래된 관습을 유지하는 것에 동참하는 것보다는 새로운 사랑을 창조하는 데에 더 관심을 가져야 한다.

결혼은 사랑으로 하는가

"결혼은 사랑으로 하는 것이 아닙니다."라고 말하는 어느 방송인의 말에 화가 난 어느 날, 나는 글을 쓰기 시작했다. 굳이 결혼을 하지 않아도 생존이 가능한 시대에 사랑이 아니라면 대체 무엇으로 결혼을 한다는 것인지 모를 일이었다. 하다못해 강아지와 함께 사는 일조차도 강아지에 대한 사랑이 없으면 어려운 일인데 말이다.

집착이 있는 곳에는 사랑이 없고, 의존이 있는 곳에는 두려움만 있다. 집착과 두려움은 나를 상대에게 종속되게 만들어 내가 나의 삶의 주인으로 살지 못하게 한다. 내가 나의 삶의 주인이 되어, 나의 행복을 위해 인생이라는 항해를 함께할 상대를 선택함에 있어서의 근거는 마땅히 사랑이어야 한다. 가족을 이끌어 가는 동력은 사랑이기 때문이다.

인간은 감정만으로 살 수는 없지만, 감정이 가장 중요한 것도 사실이다. 감정은 사람을 살게도 하고 살 수 없게도 한다. 그리고 사랑은 사람을 살게 하는 가장 중요한 감정이다. 결혼이 사랑으로 하는 것이 아니라는 말은 너무 무책임한 말이다. 누군가 결혼 생활이 불행하다면 그것은 결혼을 사랑으로 했기 때문이 아니라, 오히려 사랑이 없었다거나, 그 사랑이 창조적이지 못했기 때문이다. 결혼이 단순히 감정만 가지고 할 수 없는 삶의 큰 전환이기는 하지만, 감정만 가지고 할 수 없는 것은 비단 결혼뿐만은 아니다.

   사랑은 상대에게서 나의 삶을 반복 재생하는 활동이 아니다. 결혼의 사랑은 오히려 새로운 나와 너, 그리고 새로운 우리의 삶을 창조하는 것이다. 각자가 지닌 과거의 관습에서 벗어나, 지금 여기에서 진솔하게 서로의 말을 들어 주고, 서로가 그의 삶의 창조를 지지해 주는 것이 아니라면, 우리는 상대에게서 또 다른 나를 재생산하고 있을 뿐이다.
   사랑 때문에 힘들어하는 사람들에게는 사랑에 대한 오해를 풀어 주고, 사람을 살게 하는 사랑이 대체 무엇인지 가르쳐 주는 것이 좋다. 이미 사랑해서 결혼한 사람들에게 결혼을 이끌어 가는 동력이 사랑이라는 사실 자체를 부정하는 것은 삶에 대한 혼란만 일으킬 뿐이다.

   모든 좋은 관계는 사랑을 기반으로 돌아간다. 결혼과 사랑을 분리시키려는 이러한 시도는 대상에 따라 사랑의 정의가 달라진다고 말하는 사람들이 가진 사랑에 대한 오해와 단순한 쾌락과 욕망, 집착과 의존을 사랑이라 착각하는 그들의 아둔함에서 시작된다. 그리고 자주, 이것은 현실이라는 핑계로 정당화되며 그럼으로써 사람들은 현실을 위해 사랑을 포기해야 하는 부자연스러운 삶을 강요받게 된다. 그래서 때로 우리는 사랑을 쥐고서도 찾아 헤매는 소모적인 삶을 살게 된다.

결혼은 사랑으로 하는 것이 아니라는 말은 단지 결혼이라는 제도를 쾌락과 의존을 위해서 선택해서는 안 된다는 의미다. 이것은 우리가 쾌락과 의존을 사랑으로 혼동하고 있다는 말이며, 그것들이 결혼에 그리 적합한 것이 아님을 의미하는 것이기도 하다.

쾌락과 탐욕, 그리고 의존성은 사랑으로 둔갑되지 말아야 한다. 빠지는 사랑은 사랑이 아니다. 무언가에 빠진 것을 사랑으로 오해한 것이라면, 결혼은 사랑으로 하는 것이 아니라 말할 수밖에 없다. 너무 좋은 것은 무언가 잘못되었다. 너무 싫을 때와 마찬가지로, 너무 좋을 때도 왜 그런지 곰곰히 생각해 봐야 한다. 좋고 싫은 데 이유가 없다는 말처럼 광신적인 말은 없다.

언제나 무언가에 '빠져 있는' 사람들이 있다. 때로는 종이접기에 빠져 있고, 어떤 때는 뜨개질에 빠져 있다. 음식도 그렇다. 어떤 때는 며칠 동안 냉면만 먹어 대다가, 또 어느 순간에는 국밥만 먹는다. 그렇다면 그들은 종이접기와 뜨개질과 냉면과 국밥을 사랑한 것일까. 우리는 쉽게 빠지는 만큼, 쉽게 싫증도 낸다. 그리고 우리는 적어도 '내가' 즐겁기 위해 종이를 접고, '나의' 목도리(다른 사람에게 주기 위해서라고 해도)를 만들기 위해 뜨개질을 하고, '내' 입이 즐겁기 위해 냉면과 국밥을 먹는다. 그것들은 분명 종이와 목도리와 냉면과 국밥을 위한 행위는 결코 아니다.

사랑은 언제나 목마르다

　사랑은 언제나 목마르다. 사랑도 피부처럼 언제나 촉촉해야 건강하다. 우리의 신체는 물을 적절히 마시지 않으면 탈수로 인해 각종 질병이 시작된다. 이와 같이 사랑도 물을 주지 않으면 말라 버리고, 말라 버린 사랑은 온전히 기능하지 못한다. 사랑이 필요로 하는 물은 그것의 표현이다. 표현되지 않은 사랑은 사랑인지조차 알 수 없다.
　사랑의 힘은 그 무엇에도 비할 수 없다. 하지만 표현되지 않은 사랑은 사랑이 가진 그 엄청난 힘을 발휘할 수가 없다. 사랑의 표현 방식은 다양하다. 그것은 늘 새롭게 만들어지며, 관습적이지 않다. 사랑은 언제나 적절하게 표현되어야만 한다.

　어른의 표현 방식은 '말'이다. 무엇이든 말로 표현하는 것이 가장 좋다. 오해의 소지를 줄일 수 있기 때문이다. 언어 또한 한계가 많은 것도 사실이지만, 우리는 늘 최선을 찾을 수 있을 뿐이다.
　아이들의 대표적인 표현 방식은 울음과 땡깡이다. 아이들은 아직 언어가 익지 않았기 때문이다. 하지만 어른들은 달라야 한다. 우리의 사랑은 먼저 말로 표현되어야 한다. 거짓을 말하거나, 정형화된 문구로 현혹시키는 것이 아닌, 나의 감정을 진실하게 전달하는 말이다.

 화목한 사람들을 보면 그 속엔 늘 사랑이 숨 쉬고 있다. 그것은 일률적인 모습이라거나, 죽어 있는 사랑이 아니다. 그 사랑은 언제나 살아 있으며, 언어로, 몸짓으로 표현되어, 서로에게 안정감을 준다.

 안정감을 느끼는 것은 중요하다. 불안하지 않고 안정적인 상태를 유지하는 사람은 타인의 불안에 쉽게 휩쓸려가지 않는다. 그들은 오히려 타인의 불안한 마음조차 다독여 줄 수 있다. 안정된 마음을 가진 사람은 자신과 타인을 믿어 줄 수 있으며, 서로의 삶을 지켜봐 주고 응원해 줄 수 있다. 때문에 이들은 필요 이상으로 서로에게 의존하여 서로를 옭아매지 않는다.

 서로를 옭아매는 것은 오직 아직 자신을 찾지 못한 사람들이며, 그들이 아직 자신을 찾지 못한 이유는 떠다니는 그들의 마음을 안정시켜 줄 사랑의 표현을 듣지 못했기 때문이다. 그리고 듣지 못한 사랑의 표현은 전해질 수도 없다.

 아직 사랑의 표현을 듣지 못한 그들은 상대에게서 있는 그대로의 모습을 보는 것이 아니라, 그 속에서 늘 자기 자신을 찾는다. 하지만 상대에게서 찾아낸 나의 모습은 진짜의 내가 아니다. 억지로 꿰어진 모습에 도취되어 계속해서 상대에게서 내가 원하는 삶의 모습을 연출하려 하다가는 사랑에서 점점 멀어질 뿐이다.

사랑은 변하는가

만약, 인간이 더 작은 요소로 나누어져 있다면, 그것은 정신과 육체일 것이다. 정신이 단지 육체의 부산물이라고 해도, 그 속성은 같아지지 않는다. 따라서 인간은 정신적 세계와 물질적 세계 양쪽에 발 담근 채 살아가고 있다. 그래서 우리의 삶은 이것들의 균형 상태에 따라 삶의 질과, 함께 하는 사람들의 격이 달라지게 된다.

어느 쪽이든 한쪽으로 치우쳐 있는 삶은 자신뿐만 아니라, 나와 밀착된 사람들의 삶까지도 피폐하게 만든다. 그렇기 때문에 우리는 늘 균형과 조화에 신경 써야 한다.

정신적인 것은 눈에 보이지 않으며, 이는 눈에 보이는 육체적인 것을 움직이는 힘으로 작용한다. 우리는 일상에서 마음의 상처로 인해 삶을 살아갈 용기를 잃어버린 사람들을 많이 본다. 그들이 잃어버린 마음은 도대체 어디에 있는 것일까. 그들이 그들의 마음을 잃어버렸다 해도 그들의 마음은 여전히 그들 안에 있을 텐데 말이다.

삶에는 변화하는 것과 변화하지 않는 것이 있다. 그래서 우리에게도 변화하는 것에 집중해야 할 때와 변화하지 않는 것에 집중해야 할 때가 있다. 결혼은 변화하지 않는 것에 집중해야 하는 활동이다.

결혼을 비롯한 우리의 관계에서 반드시 필요한 존중, 배려, 용기, 사랑과 같은 변화하지 않는 것들은 있거나 없는 것이다. 이들은 더 있거나, 덜 있을 수 없다. 더 존중하거나, 덜 존중하거나, 더 사랑하거나, 덜 사랑하는 것은 없다.

그것들은 없다가 생기는 것이 아니며, 있다가 없어지지 않는다. 특히 사랑은 발견되지 못할 뿐, 어디에나 존재한다. 다시 말하지만 그것의 발견이 어려운 이유는 사랑의 역동적인 특성과 다양한 그 모습 때문이다.

변화하지 않는 것은 늘 변화하는 것에 실려 있다. 그렇기 때문에 마치 그것은 그것들과 함께 늘 변화하는 것만 같이 보인다. 눈에 보이는 것은 온통 변하는 것들뿐이기 때문이다.

눈에 보이지 않는 것을 느끼지 못하는 사람들의 삶은 늘 녹록치 않다. 그들은 언제나 한쪽 눈을 감고 길을 걷고 있기 때문이다. 그래서 그들은 항상 자신이 가고 있는 길을 확신하지 못하며, 가는 길에 균형을 잃고 넘어지기 쉽다. 그렇기 때문에 그들에게는 언제나 나를 지탱해 줄 누군가가 필요하며, 보이는 지푸라기라면 무엇이든 잡고 싶다. 하지만 그것은 아직 사랑은 아니다.

VI 새로운 세계를 위하여
삶과 죽음

　심리 상담을 받으러 가면 상담사가 항상 물어보는 것이 있다. 우리가 이 질문을 스스로에게 할 수만 있다면 굳이 상담사를 찾아가지 않아도 내가 나의 이야기에 귀를 기울일 수 있을 것 같다. 우리가 스스로에게 꼭 해 봐야 하는 질문은 "나는 어떤 사람이고 싶은가" 그리고 "나는 어떤 삶을 살고 싶은가" 하는 것이다.

　어떤 문제를 가지고 있든, 무엇 때문에 힘들어하든 '내가 되고 싶은 나'와 '내가 살고 싶은 삶'이 확실하다면 우리는 문제를 해결할 힘을 찾은 것이다. 인간의 선한 본성과 태초부터 가지고 있는 탁월함에 대한 지향성에 귀를 기울인다면, 우리는 내가 어떤 사람이 되어 어떻게 살고 싶은지에 따라 자신의 세계를 구축할 수 있다. 그리고 내가 만든 설계도 위에서 현재의 갈등을 바라본다면 나의 행동이 향해야 하는 방향이 보일 것이다.

　우리는 가야 할 곳이 명확할 때에만 어디론가 갈 수 있다. 목적이 설정

되면 그에 따라 방법이 모색되고, 그 방법 중 우리는 나에게 최고로 좋은, 최선의 방법을 선택할 수 있다. 그리고 우리는 기꺼이 나의 길에 방해가 되는 것들을 차단하는 용기와 결단력이 필요하며, 우리의 선택은 언제나 나의 좋음을 우선적으로 고려해야 한다.

인간의 죽음에 대한 연구로 알려진 퀘블러로스(1926)는 인간이 죽음을 받아들이는 과정을 설명하며 사람들에게 죽음을 충분히 준비할 수 있는 기회를 주고자 했다. 그녀에 의하면 우리는 죽음에 대해서 부정 – 분노 – 협상 – 우울 – 수용 순으로 반응한다고 한다.

처음에는 그것을 믿을 수 없고 그다음에는 하필 나에게 이러한 일이 일어난 것에 대해 분노하게 되며, 다음으로는 이미 가진 것과 쥐고 싶은 것을 맞바꾸려는 시도를 하게 된다. 그리고 그 시도가 좌절됨에 따라 우리는 우울해졌다가, 마침내는 모든 것을 내려놓고 그것을 수용하게 된다.

하지만 이러한 과정은 죽음에 대해서만은 아니다. 우리는 죽음 이전에 먼저 삶을 받아들여야만 한다. 아직 삶을 받아들이지 못한 사람은 죽음이라는 것을 생각조차 할 수 없기 때문이다.

삶을 받아들이는 것은 죽음을 받아들이기 위한 필요조건인지 모른다. 그리고 우리는 모두 이 과업을 비껴갈 수 없다. 모든 인간은 어쩔 수 없이 삶의 시작과 끝을 모두 경험해야 하기 때문이다. 삶을 받아들이지 못한 상태에서 죽음을 맞이하는 것은 지나치게 고통스럽다. 그리고 우리가 삶을 수용하는 과정 또한 단숨에 일어나지 않는다.

계속해서 가라앉으려 하는 풍선이 떠오름을 유지하기 위해 끝없이 쳐올려져야 하듯이, 우리의 삶도 유지되기 위해 우리의 움직임이 필요하다. 그리고 그것이 고된 과정일 것이라는 사실을 받아들이기까지 우리는 부정하고, 분노하고, 협상을 원하기도 하며, 좌절하여 우울해졌다가 마침내 그것을 수용하게 될 것이다.

삶의 기본값은 비극이다. 우리는 삶의 관망자가 아니라 그것을 직접 프로듀싱해야 하는 내 삶의 전문가이다. 그리고 그러한 움직임이야말로 우리의 삶을 희극으로 변화시킬 수 있으며 아직 그 무엇도 부정해 보지 않은 사람은 자신의 삶의 프로듀싱 작업을 시작하지 않았다.

적절한 노력이 가해지지 않은 상태의 삶은 여전히 비극에 맞춰져 있다. 부정과 의심은 나의 삶을 희극으로 변화시키기 위한 노력의 시작이다. 그러나 이것은 나를 향한 부정이 아니라, 나를 향한 것들에 대한 부정이어야 하며, 타인에 대한 의심과 부정이 아니라, 나를 지배하거나 규정하려는 것들에 대한 비판적 태도이다. 그리고 그 부정은 곧 분노로, 협상으로, 그리고 협상의 좌절을 딛고 이내 그것을 수용하는 길로 나아가야 한다.

온전한 나의 삶을 받아들이지 못한 채로는 죽음을 받아들일 수 없다. 점점 쇠약해지는 신체와 늘어나는 얼굴의 주름, 비대해지는 지방 세포들을 받아들일 수 없는 이유는 우리가 죽음을 향해 가고 있다는 사실을 받아들이지 못하기 때문일지 모른다.

완전한 삶이란 삶의 부정적인 것과 긍정적인 것들이 모두 통합된 완전체로서의 삶이다. 때로는 힘들고 때로는 슬프며, 때로는 즐겁고, 때로는 행복하기도 한 것이 삶이라는 사실을 온전히 받아들이고 그것에 순응하는 것은 나의 삶을 완전하게 만든다.

인간은 생각보다 유능하다

　인간은 생각보다 유능하다. 많은 사람들은 "자신은 할 수 없다"고 말하곤 한다. 그러나 인간이 할 수 없는 것은 없다. 히말라야 산맥을 단숨에 뛰어넘는 것과 같은 물리적인 한계가 아니라면, 우리는 무엇이든지 할 수 있다. 단지 그에 대해 걸리는 시간이 각각 다를 뿐이다.

　"당신은 할 수 있지만, 나는 할 수 없다"는 말처럼 이상한 소리는 없다. 우리의 한계는 우리가 설정하지 않으면 존재하지 않는다. 인간은 창조의 힘을 가지고 있다. 하지만 그 창조의 힘을 믿지 않고, 그것을 이용하여 살아가지 않는다면 '당신은 할 수 없는 것'이 맞을지도 모른다. 하지만 그것은 하지 못하는 것이 아니라, 하지 않는 것일 뿐이다.

　사람은 믿어주는 만큼만 성장한다. 그러나 내가 먼저 나를 믿지 못한다면 아무도 나를 믿어 줄 수 없다. 타인이 우리를 믿을 근거는 우리 자신의 (외모나 지위 또는 성과가 아니라) 나를 대하는 나의 태도이기 때문이다.

　환경의 영향에서 벗어날 수 없는 인간은 때로 그것에 부딪혀 의지를 상실하고, 그 상실을 사실로 변화시키기도 한다. 하지만 앞으로 가는 길이 막혔다면 이제는 옆으로 방향을 틀면 그만이다. 인생은 반드시 앞으로만 가야 하는 것은 아니기 때문이다. 길이 있어서 가는 것이 아니라, 내가 가면 그것이 길이 되는 것이다.

우리는 나의 가능성을 믿지 않는 사람 앞에서는 아무것도 할 수 없다. 그리고 무엇이든 하기 위해 그들을 떠나야만 할 수도 있다. 당신이 아무것도 할 수 없을 것 같은 이유는 당신이 그것들을 할 수 없기를 바라는 사람들의 마음이 당신에게 영향을 미치고 있기 때문이다.

어린아이들은 늘 소란스럽다. 하지만 그 소란은 그들이 자신의 존재를 느끼고 있다는 증거이다. 자신을 잃어버린 아이들은 더 이상 에너지를 발산하지 않는다. 그러나 사실 이것은 아이들뿐만이 아니다.

아이들은 종종 어디에서나 뛰어다니며 소리 지름으로써 그들의 부모님을 당황하게 만든다. 그들이 그렇게 잠시도 가만 있지 못하는 이유는 그들의 가볍고 건강한 몸 때문이다. 대체로 어린이들의 몸은 성인들의 몸보다 가볍고, 유연하며 덜 염증적이다. 유연하고 날렵한 몸은 어디든 갈 수 있으며, 무엇이든 할 수 있을 것만 같다. 그래서 아이들은 한계를 모르며 그 거대한 에너지를 그대로 방출한다. 건강한 에너지의 방출은 때와 장소를 구분할 필요는 있지만, 억압되어서는 안 된다. 그리고 이것은 아이들뿐만이 아니다.

성인이 되면 우리의 건강한 에너지는 여러 관습에 의해 억압되고, 학습된 무기력으로 인해 더 이상 무엇이든 할 수 있을 것 같지가 않다. 몸과 마음은 하나여서 어느 하나가 건강하지 못하게 되면 다른 하나 역시 무기력을 경험한다. 어느 부분을 자극하여 스스로를 깨울 것인지는 각자의 선택이다.

하지만 긴 시간을 살아오며 각종 오물들을 뒤집어쓴 채, 바둥거리고 있는 우리의 마음의 깨어남은 지나치게 늦어서는 안 된다. 오물로 뒤덮인 나의 몸과 마음은 무거워서 좀처럼 무엇이든 할 수 있을 것 같지가 않다. 그리고 그런 상태로는 잘살 수도 없다. 다이어트가 필요한 것은 우리의 몸뿐만이 아니다.

인간은 너무나 유능하다. 그러나 그 유능함을 알아채지 못하는 우리는 늘 나약하다. 나에게 세상에서 가장 어려운 일은 세 줄 무늬 고무 슬리퍼를 질질 끌고 다니는 것이다. 하지만 간혹 고무 슬리퍼쯤은 자유자재로 신고 움직일 수 있는 유능한 이들이 나보다 더 무기력해 할 때면 나는 자주 당황스럽다.

우리는 좀 더 가진 것을 자세히 들여다볼 필요가 있다. 다른 사람들의 나에 대한 평가만 믿고 나 스스로에 대하여 실망하기에는 사람들은 지나치게 시기심이 많기 때문이다.

가치는 부여하는 것이고 의미는 찾아내는 것이다. 가치가 부여되지 않고, 의미가 찾아지지 않은 인간은 유능하지 않아 보일 수 있다. 하지만 그것은 사실이 아니다. 그것은 아직 시작되지 않은 삶이며 긁지 않은 복권이다. 너무 늦은 시작은 끝이 아쉽다. 우리는 우물쭈물하다가는 아무것도 지켜 내지 못할지 모른다.

모든 시작은 결핍이다

결핍은 살아 있는 존재의 필연이다. 살아 있는 한 생명체는 결핍에서 벗어날 수 없다. 그것이 악마의 저주이거나 말거나, 신이 아닌 인간은 언제나 결핍에 시달리며, 어쩌면 신이 만물을 창조한 이유도 그의 결핍 때문일지도 모를 일이다.

결핍이 자연스러운 현상이라는 것이 의심스럽다면 당장 식사를 한 끼만 걸러 보면 알 수 있다. 때가 되면 느껴지는 배고픔도 결핍감이며, 사촌이 땅을 사면 배가 아픈 이유도 결핍감 때문이다. 하지만 결핍감을 인지하는 것과 그것에 지배되는 것은 다르다. 결핍감에 지배되지 않은 사람이라면 사촌이 땅을 산다고 해도 배가 아프지는 않다.

자신의 삶을 생산적으로 이끌어 가는 사람도, 삶에 무기력감을 느끼는 사람도, 그들 모두의 의지에 불을 지피는 것은 결핍감이다. 하지만 원래 자신의 것이 아닌 결핍감은 삶의 의지가 되기보다는 무기력이 된다.

우리는 종종 사회로부터 결핍감을 강요받거나, 세대로부터 결핍을 답습한다. 병적인 결핍감은 허영심에서 기인하며, 허상을 좇는 사람의 앞에는 늘 좌절만이 기다린다. 우리가 결핍감을 해소하기 위해 취하는 태도는 우리의 삶을 밝은 면으로 이끌기도 하지만, 고통의 구렁텅이에 처박기도 한다.

우리의 삶은 매 순간 우리의 선택과 집중에 의해 달라진다. 나의 삶이 내가 무엇을 선택하는지에 따라 달라진다는 것은 결국 내가 원하는 것을 위해 무언가를 선택하게 만드는 결핍감이 그것을 좌우한다는 이야기가 된다.

때문에 나에게 무엇이 결핍되었는지 아는 것은 중요하다. 나에게 결핍된 것을 충족시키기 위해서는 먼저 그것이 무엇인지 알아야 하는 것은 당연하다. 병적인 결핍은 사실 자신에게 무엇이 결핍되었는지 알지 못하는 상태이다. 우리가 만약 나에게 무엇이 결핍되었는지 알지 못한다면, 우리는 그것을 충족시킬 수도, 포기할 수도 없다.

사회의 억압에 순응하여 내가 아닌 것을 선택했다 하더라도, 그것은 결국 자신의 선택이다. 그 선택 과정이 자발적이었는지, 타의적이었는지는 책임을 면할 수 있는 핑곗거리가 되지 못한다. 그렇기 때문에 선택은 언제나 스스로의 몫이어야 하며, 그 선택을 좌우하는 결핍감의 정체는 밝혀져야만 한다.

선택의 여지는 많을수록 좋은 것만 같다. 그것은 심지어 자유로워 보이기도 한다. 하지만 진정한 자유는 선택지의 많음이 아니라, 오히려 선택하지 않을 수 있는 자유이다. 그리고 언제나 결핍이 내린 선택의 책임은 가볍지 않다.

  또한 자유로운 선택은 선택에 대한 책임을 감당하는 것을 포함한다. 우리는 책임에 대한 각오만 있다면, 무엇이든 나의 좋음에 따라 선택할 수 있다. 그렇기 때문에 선택을 위해서는 책임을 질 용기가 필요하며, 언제나 문제는 선택을 미루고, 책임을 회피하려는 용기 없음에서 온다.

  주식을 할 때는 원하는 수익률을 미리 정해 두고 시작하는 것이 좋다고 한다. 다이어트를 할 때도 내가 원하는 구체적인 몸의 상태를 정해 두고 시작하는 것이 좋으며, 공부나 일을 할 때도 내가 원하는 점수나 성과를 정해 두고 시작하는 것이 좋다. 그렇게 하면 그 기준은 적어도 내가 가는 길에 이정표가 되어, 내가 길을 잃거나, 역행하거나, 포기하지 않을 수 있도록 잡아 줄 수 있다.

  결핍 또한 어느 정도 충족시킬 것인지를 정해 두지 않으면 우리는 극단이 다가와도 알아채지 못한다. 지나친 채움은 풍요롭기보다는 과격해지며, 그때가 되면 다시 비워야 할지도 모른다. '다다익선'은 지나친 욕심을 합리화하는 말일 뿐이다. 충족시킬 양을 정하기 위해서는 우선, 나에게 얼마만큼의 결핍이 있는지 먼저 확인해야 한다. 깊이를 알 수 없는 항아리, 혹은 밑이 뚫려 버린 항아리를 채우는 것은 절망을 향해 길을 떠나는 것과 같다. 그리고 그렇게 절망을 향해 가는 길에서 누군가에게 함께 하자 손을 내미는 것은 그야말로 물귀신 작전이 아닐 수 없다.

착하지 말아야 할 때

착하게 살면 손해를 본다는 것이 사실일까. 착하게 사는 것은 무엇이며, 손해는 또 무엇일까. 착한 것이 도덕적인 것을 말하는 것이라면, 또 잘사는 것이 경제적인 이야기라면, 그 둘의 연관성은 또 무엇일까. 사실 누군가 경제적으로 잘살지 못하는 것은 그들이 도덕적이어서가 아니라, 정의롭지 못한 사회에서 살기 때문이다. 하지만 너무나 안타깝게도 많은 사람들은 그러한 사회에서 살아남기 위해 자신의 도덕심을 비난하며, 심지어 그것을 내버리려 한다.

하지만 착하다는 것이 단지 거절하지 못하는 것을 의미한다면 이야기는 좀 다를 수 있다. 종종 거절하지 못하는 마음에는 상대를 배려하는 마음보다는 오히려 상대의 생각까지도 내가 지배하고 싶어하는 욕망이 서려 있기 때문이다. 하지만 그것이 나의 불안이나 두려움 때문이라 할지라도, 우리가 상대의 영역을 존중해 주지 않는 한, 그것은 배려이기보다는 이기심에 가깝다.

서로가 각자의 이익을 추구하고, 모두 자신의 관점에서 세상을 경험하는 사회에서 자기 자신을 지키지 못하는 사람이 손해를 보는 것은 어쩌면 당연할지도 모른다. 대개 사회에서 나의 이익을 자신의 이익보다 우선시해 주는 사람은 없기 때문이다.

나의 이익을 언제나 최우선으로 해 주셨던 부모님의 사랑을 듬뿍 받아온 사람들은 종종 사회에서도 그와 같은 일이 일어날 것이라 기대하기도 한다. 하지만 이것이 나르시시즘이든 뭐든 우리는 어서 정서적으로 독립해야만 한다. 착하다는 것은 여전히 누군가에게 붙어(着) 있다는 것에 불과할지도 모르기 때문이다.

부모님은 내 아이가 착하기를 바라고, 사람들은 자신의 애인이 착하기를 바란다. 그러나 이것은 사실, 내 아이가 자신에게 붙어 있기를 바라고, 애인이 자신에게 붙어 있기를 바라는 것과 같다. 그것이 불안하기 때문이든 말든, 그것이 아니라면 그들이 그렇게까지 아이와 애인에게 자신과 같아지길 요구할 리가 없기 때문이다.

세상의 모든 일은 상호 작용이다. 내가 먼저 존중을 표했음에도 그가 나에게 함부로 한다면 그것은 그의 인격의 문제이다. 하지만 나는 그를 존중하지 않으면서 나에 대한 그의 태도를 문제 삼는다면 그것은 나의 인격 문제이다.

이것은 마치 과자 부스러기를 흘려서 개미를 불러 놓고, 개미가 나왔다며 손가락으로 눌러 죽이는 것과 같이 모순적이고 비이성적인 행동이다. 개미가 오는 것이 싫다면 과자 부스러기를 흘리지 않으면 되고, 실수로 그것을 흘렸다면 그 결과는 나의 탓이므로 개미를 죽일 일이 아니다.

마찬가지로 상대를 언짢게 해 놓고 상대가 친절하지 않다 비난하는 것은 굉장히 이상한 행동이다. 늘 내가 존중받고 싶은 것과 같이 상대도 그렇다.

우리는 항상 상대의 불쾌한 언행을 내가 유도했을 가능성을 배제해서는 안 된다. 우리는 인간이기에 실수도 할 수 있으며, 때로는 상대의 감정에 순간적으로 동요되기도 한다. 그렇기 때문에 내가 어떻게 했는지와 상관없이 상대에게 모든 책임을 떠넘길 수는 없다. 모든 일에는 원인이 있고, 모든 감정에는 이유가 있기 때문이다.

우리에게 이익과 손해를 가져오는 것은 단지 이 상호 작용의 결과일 뿐이다. 그것은 우리가 기대하는 것처럼 누군가 일방적으로 착하거나 나쁘기 때문이 아니다. 우리는 그 상호 작용 과정에 관여하는 요소 하나하나를 알지 못한다고 해서 나의 소중한 착한 마음을 탓하지는 말아야 한다. 이 또한 단지 모르는 것에 대해 '퉁 치는' 것에 불과한 일이기 때문이다.

관계 맺음에서 내 탓임을 인정해야 하는 때와, 내 탓이 아님을 인식해야 하는 때를 정확히 구분하는 것은 중요하다.

그럼에도 불구하고 착하게 살자

착한 사람은 손해를 보는 사람이다. 착한 사람은 자신이 손해를 보더라도 양심을 저버리지 않는 사람이다. 착한 사람은 자신의 양심을 지킴으로써 언제까지나 자기 삶의 주인이 되고자 하는 아주 자연스러운 사람이다. 하지만 사실 착한 사람들은 손해를 보지는 않는다. 우리 사회는 착한 사람들이 손해를 보도록 놔두지 않기 때문이다. 왜냐하면 우리는 정의로운 사회를 만들어 가고 있기 때문이다. 착해도 괜찮다는 연대 의식은 사회를 정의롭게 만든다.

착한 사람은 단지 양심에 따라 나의 권리를 양보하는 사람일 뿐이다. 하지만 그 양보가 강제적이어서는 안 된다. 자발적인 양보는 배려가 될 수 있지만 강제적인 양보는 단지 자신의 삶이 아닐 뿐이기 때문이다. 그래서 그 어떤 외부의 압력에 의해 자신을 희생하는 것은 착한 것만은 아니며, 우리가 늘 억울하고 슬픈 이유는 이렇게 양심을 강요당해서이기도 하다.

사실 양심적으로 산다는 것, 착하게 산다는 것은 아무나 할 수 있는 일이 아니다. "나는 절대 손해 보지 않겠다"는 작심으로 사는 사람이라면 일찌감치 착하게 사는 것은 관두는 것이 정신 건강에 도움이 될까 싶지만 본성이 선한 인간은 착하지 않게 사는 것이 불가능하다. 인간이 선한 본성을 부정해봐야 정신 질환만 생길 뿐이다.

우리의 의식이 착하지 않은 삶을 원한다 해도 그의 마음은 이미 착하지 않게 행동하는 자신에게 실망하여 수치감을 차곡차곡 쌓아 두고 있다. 그리고 우리가 타인에게 신뢰감 없이 좋은 관계를 맺기 어려운 것과 같이, 우리는 우리를 수치스럽게 하는 자신에게 신뢰감을 잃어버려 결국 자신과 잘 지낼 수가 없다. 그리고 먼저 자기 자신과 잘 지내지 못하는 사람은 타인과, 세상과도 잘 지내기가 어렵다.

서로가 존중하고 배려하는 관계는 이상적이다. 현실은 이상적일 수 있다. 하지만 현실이 이상적이기 위해서는 많은 노력이 필요하다. 하지만 원치 않은 삶을 살게 된 우리들은 힘들게 노력하며 살고 싶지가 않다. 그래서 어떤 사람들은 자기 몫의 노력까지 약한 사람들에게 떠넘긴다. 그리고 그들은 "현실은 이론과 달라서 이상적일 수 없다"고 말한다.

우리는 이상적인 사회에 살고 있지 않다. 그렇기 때문에 이상을 향해 살아야 한다. 마찬가지로 우리는 모두 불완전한 인간이다. 그렇기 때문에 나의 불완전함을 인정하고 상대의 불완선함에 너그러워야 한다. 내가 이상적인 인간일 수 없다면, 상대도 마찬가지이기 때문이다.

착한 사람은 자기 몫의 노력을 마땅히 스스로 감당하는 사람이다. 누군가에게 의존하는 것은 자기 몫의 노력을 상대에게 떠넘기는 행동일 뿐이다. 나를 어떻게 대해 주면 좋을지에 대해서 내가 먼저 행동으로써 보여 주지 않는다면 나는 원하는 대우를 받을 수 없다.

사람들은 자신의 주장을 하지 않고, 의기소침해하는 우리를 보면서 어떻게 해야 할지 몰라 혼란스러운 나머지 마침내 자신이 늘 하던 대로(자기 마음대로) 하려 할 것이고 그것은 우리에게 상대의 이기심으로 비춰질 것이다.

자신을 존중해 주지 않는 사람을 존중하고 배려하는 것은 참으로 어려운 일이다. 그것은 인류애가 필요한 일이기 때문이다. 아이를 양육하는 것이 힘든 이유는, 아직 타인을 존중하고 배려하는 마음을 갖지 못한 어린아이들에게 우리는 어른이라는 이유로 마땅히 그들을 먼저 존중해 주고 배려해야 하기 때문이다. 돌봄의 정체는 바로 존중과 배려이다. 어른인 우리가 그들을 돌보는 것이 버겁다고 해서 아이들에게 그것을 먼저 바랄 수는 없는 노릇이다.

아이들과의 관계에서는 나에게 어떤 트라우마가 있다거나, 과거에 상대를 존중하는 습관을 들이지 못했다는 것은 고려되지 않는다. 일단 어른이 되는 순간 우리는 의무를 지게 된다. 그것은 그들에게 존중받기를 바라기에 앞서, '먼저' 존중해 주어야 한다는 것이다. 부모란 그 어려운 일에 강압적으로 내몰린 사람들이며, 그렇기에 어떻게든 해내는 그들이 위대하다.

하지만 우리는 서로의 부모가 아님에도 이 어려운 것을 무심코 서로에게 너무도 당당히 요구한다. 종종 우리의 행동은 "나는 너를 무시해도 너는 나를 존중하라"고 말한다. 존중받고 배려받으면 좋은 감정이 드는 것은 우리 모두가 그렇다. 우리는 사랑과 마찬가지로 존중도 받아야만 하는 존재가 아니라, 그것을 먼저 실천해야 하는 존재다.

착하면 손해를 보는 것 같은 이유는 우리가 다른 사람들과 적절하게 소통하며 상호 작용하는 방법을 배우지 못했기 때문이다. 적절한 방법을 알지 못하는 사람들은 종종 그것을 무력으로 밀어붙인다. 그래서 세상은 마치 무조건 힘이 세고 목소리가 큰 사람이 이기는 것처럼 보인다. 그래서 상대적으로 힘이 세지 않고 목소리가 크지 않은 사람은 마치 손해를 보는 것 같아 보인다.

따라서 착해서 손해를 본다는 말의 '착함'은 단지 힘 세지 못하고 목소리가 크지 않다는 것을 말하며 그것은 잘못된 것이 아니다. 하지만 힘이 세고 목소리가 큰 사람이 늘 좋기만 한 것도 아니다. 그들은 스스로 주의하지 않으면 폭력적인 사람이 되기 쉽고, 폭력적이 되기 쉬운 만큼 타인을 배려해야 하는 부분도 그만큼 많기에 타인을 배려하는 데에 노력을 더 많이 기울여야 할 수도 있다.

배려에는 공감이 필요한가

"너의 상처를 보여줘 봐, 그럼 내가 배려해 줄게."

"네가 배려받아야 하는 이유를 나에게 납득시켜 봐, 그럼 내가 배려해 줄게."

사람들은 늘 배려받기 위해 노력한다. 하나의 인격체로서, 있는 그대로의 나를 존중받기 위해 노력하는 것과 마찬가지로 우리는 적절한 배려를 받기 위해서 늘 나의 부족함을 상대에게 호소하여 동정심을 유발하고자 한다. 그런 동정심이라도 있어야 내가 배려받을 수 있을 것 같기 때문이다.

하지만 배려받기 위해서 동정심을 얻어야 한다고 생각하는 사람은 반대로 자신도 동정심이 들어야만 타인을 배려한다는 것을 뜻한다. 하지만 조건이 필요한 배려는 어쩐지 치사하다. 그것은 배려라기보다는 거래인 것 같다.

배려는 '주는' 것이다. 무엇을 주는 것이냐고 묻는다면 '사랑', '관심'이라고 말할 수 있다. 배려는 사랑을 줄 수 있는 사람만이 할 수 있다. 강요된 배려는 배려가 아니라 억압이다. 배려해야 한다는 강박 속에 살아온 사람들만큼 슬픔이 짙은 사람도 없다. 그렇기에 타인을 배려하기 전에 먼저 자신을 배려하는 것은 누구도 비난할 수 없는 일이다.

하지만 무엇이든 늘 '받고자' 하는 사람의 노력은 곧 어느 장단에 춤을 춰야 할지 혼란스러워지며, 이내 에너지가 고갈되어 삶에 대한 무기력을 느끼게 될지도 모른다. 그러면 우리는 또다시 삶이 의미없게 느껴질 것이다.

하지만 우리가 춤춰야 할 장단은 오직 자신의 장단이다. 그러나 아직 자신의 장단을 찾지 못한 이들은 다른 이들의 그것을 흉내 낸다. 불안하기 때문이다. 누군가 나를 인정해 주는 것 같은 착각은 잠시 동안은 '내가 아닌 나'를 참아낼 수 있게 해 주지만, 그러한 '버팀'이 삶은 아니다.

우리는 '알아야만' 존중하고 배려할 수 있는 것은 아니다. 우리는 세상 모든 것을 다 알 수 없다. 내가 모르는 것이란 존재하지 않을 것이라는 착각은 우리를 교만하게 하여 상대를 존중하는 것을 방해한다.

존중하지 않으면 배려할 수 없다. 애초에 존재 자체에 대한 존중감이 없다면 그를 배려해야 할 특별한 이유가 필요해지기 때문이다. 그 결과 우리는 상대에게 끊임없이 그들의 아픔을 내보이며 증명하라 요구하고, 그렇게 우리는 서로의 마음에 상처를 안기며 힘을 낭비한다. 존중 없는 배려는 배려일 수 없다. 배려받기 위해 나의 상처를 내보여야만 하는 것은 배려가 아니다.

동정심은 우월해지고 싶은 마음을 품고 있다. 그래서 동정심에 의한 행동은 배려가 아니라 오히려 억압으로 작용한다. 자신의 우월감을 유지하기 위해 상대에게 계속해서 불쌍한 사람으로 머물기를 유도하기 때문이다. 그렇기 때문에 스스로 자신의 나약함을 호소하는 이들은 자주 상대에게 기만당한다. 그래서 늘 불평만 늘어놓고 자신을 성찰하지 않으며, 아무런 창조의 시도조차 하지 않는 이들의 (위장된) 배려는 늘 부담스럽다.

　배려는 관계를 유지하는 힘이다. 그렇기 때문에 서로에 대해 배려가 없는 관계는 그 관계를 원만하게 이어가기가 어렵다. 배려라는 힘이 없는 관계는 늘 피상적인 관계에 머문다. 피상적인 관계는 항상 중요한 것을 놓치고 있는 관계이다. 그들을 진실을 마주하는 것이 두려워 늘 서로를 피하며, 서로의 진심을 알지 못해 언제나 함께 있어도 외롭다.
　모든 관계는 서로 다르지 않다. 진실한 소통으로 서로를 배려하지 않는 관계에서 우리는 우리의 소중한 에너지만을 낭비할 뿐이다. 낭비된 에너지는 우리에게 돌아오지 않는다. 그것은 우리를 지지해 주거나 응원해 주지 못하며, 우리를 공감해 주거나 배려해 주지도 않는다.

　단지 하소연을 하는 것은 나의 부정적인 감정을 상대에게 마구 던져 버리는 것이다. 하소연하고 나면 후련한 이유는 문제의 해결과는 별개로 우리를 괴롭히던 나쁜 감정을 던져 버렸기 때문이며, 정확히 말하면 내가 무책임하게 던져 버린 그 감정을 나 대신 짊어져 준 누군가가 있기 때문이다. 그래서 후련한 것은 나뿐이다.

우리는 상대가 공감해 주기를 바란다 말하지만 그것은 거짓말이다 우리는 단지 나의 부정적인 감정을 내가 받은 그대로 누군가에게 던져 버리고 싶을 뿐인지 모른다.

친구라는 허울 좋은 역할은 대체 정체가 무엇인지 묘하다. 우리는 친구라는 이유로 기꺼이 감정 쓰레기통이 되어 주길 강요받는다. 갑자기 연락을 끊은 친구에게 매정하다 탓하기 전에 자신이 친구를 감정 쓰레기통으로 여겼던 것은 아닌지 성찰해 볼 필요가 있다.

또 우리는 자신의 이야기를 하지 않는 친구에게 '나를 친구로 여기지 않는다'고 서운해 할 것이 아니라, 오히려 나를 감정 쓰레기통으로 여기지 않고, 자신의 감정을 스스로 책임지려 하는 그의 책임감과 배려심을 인정하는 것이 더 좋다.

배려는 어쩌면 공감을 필요로 할지도 모른다. 하지만 공감이란 그와 같은 정서 상태에 머물겠다는 것이 아니라, 단지 그의 선택과 의견을 존중하고 인정하며, 응원한다는 것이다. 우리가 공감할 수 있는 것은 내가 나의 방식대로 삶을 살고 싶은 것과 마찬가지로 상대로 그렇다는 것뿐이다.

정서에 의존한 인위적인 공감은 오히려 서로에게 위험하다. 그렇기 때문에 아무도 자기 연민에 빠져 있는 사람에게는 공감해 줄 수가 없다. 자기 연민이란 세상이 어떻든 간에 나는 세상 가장 가여운 사람이며, 언제나 나만 피해자라는 스스로의 주문이다. 그들에게는 단지 스스로 그 주문을 깨고 나올 수 있도록 기다려 주며 아주 가끔 내가 여기 있다고(혼자가 아니라고) 알려 줄 수 있을 뿐이다.

참을 수 없는 가벼움

"아직 세상은 살 만해."

이것은 누군가 선을 행하는 모습을 볼 때면 우리가 습관적으로 내뱉는 말이다. 그럴 때마다 나는 몹시 언짢아진다. 그리곤 대체 "살 만하지 않았던 세상은 언제이며, 그때는 세상이 어땠는지" 묻고 싶어진다. 그리고 그 말을 하는 당신이 "모든 세상을 다 살아 봤는지, 아니면 세상을 살 만하지 않게 만든 것이 혹시 당신은 아닌지" 따지고 싶어진다.

'아직'이라는 말은 어떤 상황이 끝나지 않고 계속되고 있음을 말한다. 따라서 여기에서 '아직'은 뒤에 오는 말인 '살 만하다'가 끝난 줄 알았는데 아니었다는 의미로 쓰였다. 즉 이제는 살 만했던 과거와는 다르게 살 만하지 않은 줄 알았는데, 아니었다는 뜻이다. 그러니까 이 말의 핵심은 과거가 살 만했다는 것을 전제한다는 것이다. 그렇다면 여기에는 모순이 있다. 우리는 과거가 지금보다 살 만하다는 말에는 동의할 수 없기 때문이다.

우리는 앞서 옛 관습을 유지하려다가 후 세대인을 불편하게 만드는 꼰대 이야기를 했다. 그리고 우리는 과거가 지금보다 살 만하지 않았다는 것을 이미 알고 있다. 만약 과거가 살 만했다고 말한다면 이것은 상당히 (우리의) 역사를 왜곡하는 말이 된다. 생존을 위해 고생한 우리의 부모님들과 자유를 위해 투쟁한 인물들까지도 모두 살 만한 세상에서 할 일이 없어서 그랬던 것은 아니기 때문이다.

　우리는 어느 시대가 살 만했는지 알 수 없다. 하지만 언제나 사람들은 나름대로 살아갔고, 세상은 언제나 살 만한 가치가 있는 곳이었다. 우리 모두는 점점 나아지고 있으며, 사회는 점점 밝아지고 있다. 오히려 "아직도" 살 만한 것이 아니라, "이제야 겨우" 살 만한 것이 맞지 않을까.

　우리가 살 만하지 못한 때는 오직 서로 자신의 이기심에 의존하여 살고자 할 때이다. 그리고 우리들 중 누군가는 책임과 의무는 쏙 뺀 채, 자유와 권리만을 누리고자 하는 것이 사실이다. 그래서 아마도 누군가 이 말을 했던 맥락 속에는 이기심이 만연한 사회에 대한 회유가 있었을 것이다. 이것이 내가 그들을 이해해 볼 수 있는 최선이다. 하지만 그 말을 할 수 있는 사람은 그들이 아닐 수도 있다.

"자유가 아니면 죽음을 달라!"
"자유는 포기할 테니 살게만 해 달라!"

　사람들은 대개 이 둘 중 하나를 택해야 한다고 여기는 것 같다. 살면서 자유로울 수 있다면 금상첨화겠지만 사실 우리는 그 둘을 모두 갖기에는 어딘가 모자란 세상에 살고 있다. 하지만 부와 권력은 이 삶과 자유 모두를 우리에게 쉽게 가져다 줄 것만 같다. 그래서 사람들은 차라리 인간답기를 거부하고 부와 권력을 갈망하는지 모른다.

아이들은 어른이 되면 좀 더 자유로울 것만 같다. 수험생은 대학에 가면 좀 더 자유로워질 것 같고, 불안한 사람들은 무엇이든 더 가지면 자유로워질 것 같다. 하지만 지금 자유롭지 않은 사람은 언제가 되어도 자유롭지 못하다.

우리는 무엇을 위해 자유를 미루는 것인지 모른다. 사람들은 자유를 미루기만 하다가 죽을 때가 되어서야 내 마음에게 솔직하지 못했던 것을 후회한다. 내가 원하는 삶을 사는 것이 자유로운 것이라고 한다면, 나의 마음에게 솔직하지 못한 사람은 자유로울 수가 없다. 스스로에게 솔직하지 못하면 내가 원하는 삶이 무엇인지도 알 수 없기 때문이다.

미래의 행복을 위해 현재를 희생하는 것은 불가능하다. 삶은 언제나 지금 여기에만 있기 때문이다. 마찬가지로 자유의 조건이 부자유일 수는 없다. 지금 자유롭지 않은 사람은 미래에도 자유로울 수 없다. 그가 자유롭지 못한 것은 아무래도 자유롭기엔 불안한 그의 마음 때문이니 말이다.

어떤 이들은 자신의 힘에 도취되어 세상을 헤집으면서도 그런 용감(사실은 무모)한 자신이 자랑스럽기만 하다. 무심코 휘저은 팔 놀림에 맞아 쓰러진 이들에게 그들은 전혀 미안하지 않다. 자신의 의도는 그것이 아니었기 때문이다.

하지만 의도는 결과를 포용하기엔 어쩐지 비겁하다. 지나친 용기는 무모하며, 타인의 자유를 말살하는 힘은 강하기보다는 비열하다. 그래서 자유는 가벼움을 가장한 무거움이다

우리는 어디에 있는가

　인간은 참 어리석다. 구제 불능 상태의 우리는 용기를 내라고 하면 이내 교만으로 올라갔다가 교만에서 내려오라고 하면 의기소침으로 처박혀 살아갈 용기조차 내던져 버린다. 그 중간에서 건강할 수는 없는 것일까. 인간은 기본적으로 어리석음과 교만으로 세팅되어 있다. 자신이 어리석지 않다고 생각하는 사람일수록 더 어리석고, 자신이 교만하지 않다고 생각하는 사람일수록 더 교만하다.
　인간이 자신의 삶의 의미를 찾는 것은 지금 자신의 어리석음과 교만을 알아채는 것에서부터 시작된다. 불완전한 인간은 절대 모든 것을 알 수 없다. 인간 보편의 한계와 시대적 한계를 초월할 수 있는 사람은 없기 때문이다.

　윤리적인 것은 상대적이라거나, 변하는 것은 아니다. 과거에는 그것이 달랐다거나 없었던 것이 아니라, 인간이 알지 못했을 뿐이다. 문제의 원인은 인간의 무지이며 시대적 한계에 따른 무지는 안타까울 뿐이고 그렇기 때문에 그것을 비난할 수 있는 사람은 없다.
　인간이 과거에 알지 못했다고 해서, 그것이 과거에는 없었다고 하는 것은 지나치게 교만하다. 그렇기 때문에 지금 우리가 아는 것 또한 절대적이지 않고, 완전하지 않다. 자신의 무지를 인정하지 않고 의심하지 않는 사람은 발전할 수 없으며, 발전하지 않고서는 잘 살아갈 방법이 없는 불완전한 인간은 마땅히 그것을 인정해야 한다.

우리가 윤리적이기 힘든 이유는 윤리는 단지 우리의 위치와 상태를 말하는 것이기 때문이다. 윤리는 우리에게 지금 어디에 서 있는지 묻는다. 늘 한쪽으로 치우치는 것은 쉽지만, 그것에서 중간 지점을 찾고, 그것을 유지하는 것은 어려운 일이다. 인간은 살아 있기에 늘 변화하며 움직이기 때문이다. 그렇기 때문에 윤리적인 사람이 되고 싶다면 때로는 전해져 오는 관습에서 벗어나려는 노력이 필요하며, 그 선택은 충분히 검증되어야 한다. 또한 그것은 한 번 찾으면 계속 내 것으로 있는 것이 아니기에 우리는 늘 비판적으로 사고해야 한다.

윤리가 상대적이며 변한다고 말하는 사람들은 단지, 중간 지점을 찾기 어렵다고 말하고 있을 뿐이다. 변하는 것은 윤리가 아니라 인간이며, 정확히는 우리의 마음이 아니라, 생각과 감각에 따른 감정들이다.

우리는 어떤 말과 행동이든지 할 수 있다. 그것은 나의 권리이고 자유이기 때문이다. 그러나 그 말이 듣는 사람으로 하여금 수치감과 모멸감을 느끼게 한다면 그 행동은 적어도 윤리적일 수 없다. 수치심과 모멸감처럼 날카로운 것은 없으며, 그것은 소리 없이 강하고, 형체 없이 잔인하다. 수치심과 모멸감은 듣는 사람을 열등감이라는 감옥에 가두고 더 이상 나아가지 못하도록 하여, 온전한 자신의 삶을 살아가 용기를 빼앗아 버린다.

수치심과 모멸감으로 인한 마음의 상처는 시간이 지날수록 독처럼 온몸에 퍼지며, 이런 종류의 상처는 여간해서 회복되지 않는다. 이것은 곧 그 상처를 불러온 우리의 말에 대해 스스로 책임을 질 수 없다는 이야기이다. 책임질 수 없는 것을 행하는 사람은 자유롭지 못하며, 선하지도 않고, 윤리적이지도 않다.

매듭지어지지 않은 책임은 죄책감을 남긴다. 상처 입은 마음이 내 마음이 아니니 애써 모른 척할지라도 나의 마음 한구석에는 상처를 낸 죄책감과 함께, 죽음을 퍼트리는 자가 된 나에 대한 수치심과 혐오감이 자리하게 된다.

비록 스스로 인지할 수 없다 해도 그것은 우리의 심리 기저에 깔린다. 이러한 연유로 우리는 때로 스스로도 이해할 수 없을 만큼 의기소침해지며, 때로는 자신조차 납득하지 못할 행동을 한다.

예쁜 말, 상대방에게 기쁨을 느끼게 하고, 자부심을 느끼게 하는 말은 우리에게 더 이상 책임을 묻지 않는다. 그 말은 그 자체로 이미 책임을 다한 것이기 때문이다. 우리가 타인에게 줄 수 있는 긍정의 에너지는 이렇게 아름다움을 느끼게 해 주는 것뿐이다.

우리는 그 말을 듣는 사람과 똑같이, 어쩌면 그보다 더 기쁨과 자부심을 느낀다. 우리가 타인의 모습에서 장점을 보려고 노력해야 하는 이유는 진심을 담은 예쁜 말을 해 주기 위해서이다. 예쁜 말을 들은 사람들은 살아갈 용기를 얻으며, 세상에 대한 연대감과 신뢰감을 형성시킬 수 있다. 예쁜 말은 서로의 존재 자체를 긍정하는 것이며, 그것은 그 자체로 우리를 성장시키며, 우리 모두에게 책임을 다하는 것이다.

타인은 나의 거울이다. 내가 어떤 말을 하는지, 지금 나의 모습이 어떠한지 스스로를 볼 수 없는 우리는 타인이라는 거울에 나의 현재를 비추어서 볼 수밖에 없다. 마찬가지로 지금 내가 어디에 서 있는지 알기 위해서 우리는 타인에 빗대어 나를 볼 수밖에 없다. 우리는 나의 말을 들은 그의 눈이 무엇을 말하고 있는지 잘 보아야 한다. 하지만 거울에 비친 나의 모습을 보고 올바르게 해석하는 것은 자신의 몫이다. 그러나 내가 나의 현재를 비추어도 자신의 과거만을 되풀이해 주는 거울이라면 우리는 더 이상 그 거울에 의지해서는 안 된다.

뿐만 아니라, 우리는 타인의 거울이기도 하다. 그러므로 타인의 현재를 정확히 비추어 주기 위해 늘 자신을 닦을 필요가 있다. 희뿌연 거울로는 무엇도 명확히 비추어 줄 수 없기 때문이다. 편견과 속건, 아집과 왜곡된 인간상이 이미 나의 눈을 가렸다면, 타인을 비춰 주기 전에 먼저 그것을 닦아 내야 한다.

우리를 비추어 피드백을 주는 거울의 정확성은 그 거울(이 되는 사람)의 나이나 권력과는 상관이 없다. 따라서 나보다 나이가 많고 지위가 높다는 이유로 왜곡된 피드백을 믿어 버리거나, 나보다 어리고 지위가 낮다는 이유로 그들의 피드백을 무시하는 것은 스스로 자신의 모습을 외면하는 것에 지나지 않는다.

중간을 찾아라

우리의 삶의 갈등은 대개 양극단에서 일어난다. 한쪽으로 치우친 상태에서는 아무것도 이루어지지 않는다. 당장은 수면 위로 드러나지 않는다고 해도, 그것은 이내 우리의 삶의 생명력을 조금씩 빼앗아 간다.

지금 나의 상황에서 어떤 태도와 입장을 취하는 것이 좋을지 혼란스럽다면 너무 잘 하려 노력하는 대신, 차라리 그 상황에서의 중간이 어디인지를 찾아보는 것이 좋다. 그렇지 않으면 우리의 혼란스러움은 이내 이성의 끈을 놓아 버리고, 우리의 판단은 감정에 치우쳐 양극단 사이를 날뛰어 다닐 것이다.

중간은 고정불변한 것이 아니다. 극에서 극으로 가는 과정에 반드시 거쳐야만 하는 지점이 바로 중간이며, 중간은 극과 극의 거리에 상관없이 언제나 존재하기 마련이다. 너와 나 사이에도 중간은 존재하며, 의존과 적대 사이, 간섭과 무관심 사이, 무배려와 오지랖 사이에도 중간은 있다. 중간이 그 중심이 될 때 우리는 건강한 관계 맺기가 가능하다.

우리는 두 개의 극 중 하나만을 택해야 한다는 강박에서 벗어나야 한다. 흑과 백 사이에는 수많은 회색들이 있다. 나의 정체성과 우리의 옳음은 흑과 백에 있는 것이 아니라, 그 많은 회색들 중 어딘가에 있다. 그리고 그것은 우리가 매 순간 찾아내야 할 몫이다.

우리는 나의 모든 것을 절대적 권위자에게 허락받고 확인받아야만 한다는 이 지독한 노예근성에서 벗어나야만 한다. 그런 마음으로는 도저히 자신의 삶의 주인일 수 없기 때문이다. 우리는 스스로 확신할 수 있을 때에만 이 중간을 알아챌 수 있다.

나의 삶에 있어서 가장 권위 있는 사람은 나이다. 그리고 우리는 이미 너무 오랜 시간 동안 정신을 지배받아왔기 때문에 스스로 중간을 찾을 힘을 갖기 위해서는 한동안 싸워야 할 수도 있다. 진정한 나의 삶을 찾기 위해서는 나의 마음을 그곳에서 독립시켜야 한다.

흔히 우리가 생각하는 것과 같이, 세상과 타협했다는 것이 중간을 찾았다는 증거는 아니다. 그 세상이 이미 왜곡된 세상이라면 그 타협도 왜곡될 수밖에 없기 때문이다. 왜곡된 세상에는 중간이 없다. 출렁이는 물결 위에서 중간을 찾을 방법은 없다. 없는 것을 찾으려고 하는 사람은 좌절감에 빠질 뿐이며, 왜곡된 세상에 갇힌 사람은 중간을 찾기 전에 먼저 그 유리 벽을 깨고 나와야만 한다.

누군가와의 관계가 힘들다면 그와 나의 중간을 찾아보는 것이 좋다. 내가 선을 넘은 것은 아닌지, 혹은 그가 선을 넘어와서 내가 불편한 것은 아닌지 생각해 보는 것은 나의 대인 관계에 도움이 된다.

하지만 아무리 해도 중간을 찾을 수 없다면 나 자신을 지키기 위해 그 곳을 떠나야 할 때도 있다. 그 누구도 없는 중간을 만들어 낼 수는 없기 때문이다. 중간이 있을 듯해 보이는 것은 단지 내 생각일 뿐이다. 그리고 그렇게 중간을 찾아 헤매느라 왜곡된 세상이 다가오는 것을 알아채지 못 하면 우리는 스스로를 지켜 낼 수가 없다.

자연스럽게 마음이 통하지 않는 사이라면, 굳이 그것을 의도하지 않는 것이 서로를 배려하는 것이다. 인위적인 것은 폭력적이기 쉽기 때문이 다. 우리가 그렇게도 바라는 모든 사람에게 좋은 사람이 될 수 있는 방법 은 어쩌면 거리 두기뿐이다.

자신의 마음도 걷잡을 수 없어서 그 감정의 기복을 그대로 드러내는 사람에게 중간을 기대하는 것은 어리석다. 출렁이는 물결을 잡고 중간이 라고 우겨 봐야 돌아오는 것은 독단적이라는 딱지뿐이다.

세상이 어떻게 흘러가는지 모르겠다면 잠시 세상과 거리 두기를 해 보 는 것도 좋다(하던 일을 멈추는 것을 의미한다). 그 길에서 빠져나와 전체 를 보면 내가 서 있던 그 길이 어디로 이어져 있는지 보일 것이며, 나와, 나의 작은 행동이 세상에 어떤 영향을 미치는지 시시히 알게 될 것이다.

중간을 보기 위해서는 지그시 바라보며 기다리는 것이 필요하다. 조급 한 사람은 중간이 나타날 새 없이 물을 헤쳐대는 바람에 중간이 떠오르 지 못한다. 급할수록 돌아가라는 말은 조급해하지 말라는 의미일 것이 다. 우리는 언제나 당황하지 말고 천천히 마음을 가다듬어야 한다. 당황은 경솔한 행동과 실수를 일으키기 쉽기 때문이다. 그리고 우리는 그것들이 나의 이미지를 장식하게 두어서는 안 된다.

스물하나. 그때의 나는 삶의 목적을 찾아 헤매고 있었다. 그동안 내가 그리도 찾던 삶의 목적은 돈이기도 했다가, 쾌락이기도 했고, 행복이기도 했다가, 사람과 상황에 따라 다르기도 했다. 그리고 어느 날 마침내 그 삶의 목적은 영영 사라지고 말았다. 나의 삶은 나에게 "인간은 그 어떤 목적이 있어서 사는 것이 아니"라고 말하고 있었다.

내 삶이 힘든 것은 목적이 없어서가 아니라, 언제나 내가 중요한 무엇인가를 놓치고 있기 때문이었다. 그리고 내가 그 놓침을 자각하지 못했던 까닭은 무엇이 중요하고 무엇이 중요치 않은지에 대한 무지와 불사유한, 삶을 대하는 나의 안일한 태도에 있었다.

그리고 이후의 사랑하는 사람들과의 즐거운 시간들과 혼자서도 즐겁고 안전할 수 있는 시간들은 내가 애초에 무엇을 찾고 있었는지를 잊게 만들었다. 즐겁고 행복한 삶, 아니 나름대로 삶을 즐겁고 행복하게 만들 수 있게 된 나에게는 더이상 삶의 목적은 중요하지 않게 되었다.

목적 없는 삶, 그것은 너무나 매력적인 것이었다. 목적이 없다는 것은 그 행위들의 방향을 결정할 자유가 나에게 주어졌다는 것이며, 나는 그 자유 안에서 나의 삶과 행동의 의미를 만들면 되는 것이다. 따라서 이제 중요한 것은 의미가 되었다. 그리고 의미는 아직 규정되지 않았기에 언제나 무한한 가능성을 가진다.

목적이 없다는 것은 의미의 없음을 뜻하는 것이 아니다. 목적이 없다면 남은 것은 의미일 테니 말이다. 목적이 있다면 아직 무언가로 규정되지 않은 나의 삶의 의미를 규명해 가는 것, 그것이 나의 삶의 유일한 목적일 것이다.

지금 삶에 지쳐 있거나 삶이 버겁다면 잠시만 짐을 내려놓고 쉬어가면 좋겠다. 삶은 그렇게 우리에게 무작정 빨리 가라고 등 떠밀지 않는다. 우리를 떠미는 것은 언제나 삶을 오해하는 사람들이며, 그들에게 동조하는 나 스스로이다.

우리는 늘 서로의 성장을 바란다고 말하면서도 자신의 불안과 결핍을 유지하기 위해 상대의 성장 동력을 빼앗는다. 그러므로 나의 삶을 위한 의지와 용기를 빼앗기지 않기 위해서 늘 깨어 있어야 하는 것은 우리의 의무이다.

나는 어른이었지만 어른이 되어야 했다. 나와 우리의 모순을 자각하고, 상대에게 그의 성장을 위해 기꺼이 자리를 내어 주고, 인정하며 진심으로 응원해 줄 수 있는 어른이 되어야 하는 운명이 내 앞에 놓여 있었다. 나는 살고 싶지 않았지만 태어났고, 살고 싶지 않았지만 살아났으며,

살고 싶지 않았지만 죽지 않았다. 그리고 마침내 나는 죽음이 아닌 삶을 선택했다. 나는 내가 잘 살기 위해서 나와 동시대에, 이 땅에 발 딛고 사는 모든 존재들이 나와 함께 조화를 이뤄 잘 살 수 있도록 기꺼이 돕는 사람이고 싶어졌다. 그리고 나는 최종적인 나의 삶의 의미를 그곳에 두기로 했다.

아무리 노력해도 늘 부족하고, 후회가 남는 것이 불완전한 인간의 삶이지만 나는 행운이게도 부족한 나를 인정하고, 겸손하게 타인과 세상을 존중하고 배려하는 것으로써 나의 불완전함을 보완할 수 있다는 사실을 늦지 않게 발견했다.

뗏목을 타고 강을 건넜다면 이제 뗏목은 놓고 가야 한다. 강을 건너게 해준 뗏목에게 늘 감사한 마음을 잊지는 말아야 하겠지만, 육지를 걸으면서도 뗏목을 이고 갈 수는 없기에, 그 감사함만을 영원히 안고 가려고 한다.